金道律师事务所
BRIGHTEOUS LAW FIRM

谨以此书盛迎浙江金道律师事务所成立15周年

种赔偿/补偿路径，并且秉持妥善解决理念，最终在2个月期限内，帮助客户与政府方成功达成近18亿元的和解金额，避免了一场冗长艰难、结果不确定的行政诉讼，为客户寻求了疑难复杂非诉讼项目的解决方案。

通过这14个案件，我清楚地看到，金道在2006年创所之初所设立的理念——“守信如金、为业载道”，为客户寻求法律问题的最佳解决之道，已经深植于金道律师的心中，并且在这些经典案例的办理过程中予以真切的践行，这让我感动不已，一家律所，最主要的就是理念文化的传承和坚守，唯有每一位金道律师秉持这样的理念，金道律所才能够不忘初心，行稳致远。

浙江金道律师事务所管理合伙人
浙江省律师协会副会长
崔海燕

2020年7月18日

Contents | 目录

第一部分　办案之道

第二部分　办案纪实·诉讼

第三部分　办理纪实·非诉讼

第一部分

办案之道

刑事案件办理之道

王　楠[1]

[1] 王　楠，权益合伙人，杭州市律师协会刑法专业委员会秘书长，wn@ zjblf. com

我和刑法的缘分要从20年前的本科课堂说起，那时候有幸聆听过中国政法大学多位知名教授的刑法、刑事诉讼法课程，心中就此种下了从事刑事法律研究和实践的种子。2004年，我报考研究生时毫不犹豫地选择了许兰亭老师的刑事诉讼法专业，与律师职业的缘分也许就是在那时冥冥之中注定的。2007年，研究生毕业后我考入了某省人民检察院，成为一名代表国家指控犯罪的公诉人。2016年，我转型成为一名刑事律师。这一路走来，经办过各种各样的刑事案件，从控方视角到辩方视角，从履行指控职责严惩犯罪守护正义，到肩负辩护职能维护委托人的合法权益，我对刑事案件的办理之道深有体会。

受人之托，忠人之事——法理与人情并举

我一直认为，做任何事情责任心是第一位的。律师这个职业，尤其需要责任心。刑事案件的委托人往往是通过朋友介绍找到律师，由于时间的紧迫性，委托人往往只能在和律师交流的一两个小时里作出判断，决定是否委托律师代理。一旦签订代理合同，就意味着委托人把亲人的自由甚至生死交给了律师。因此，我时常感到自己肩上的担子很重，我也时常提醒自己：受人之托，忠人之事。

2016年夏天，一位刑事案件被害人家属找到我，称其弟弟被债务人杀害了，公安机关虽已经立案，但认定的罪名却是故意伤害罪。她无法接受，弟弟明明被人用刀捅死了，却没有认定故意杀人罪，她强烈要求凶手受到严惩。仔细分析了案件的细节后，我初步判断这个案件的定性有争取

的空间，遂接受了委托。七月酷暑难耐，我顶着烈日来到某市人民检察院，将案卷一页页拍照阅卷。案发当天，委托人与被害人一起去找犯罪嫌疑人讨债，其目睹了案发全过程。为了更直观地感受案发时的情势，我将委托人约到事务所，画出案发时的现场方位图，让她还原当时双方的站位、动作。经过一番仔细地研究，我得出结论：犯罪嫌疑人用锋利的尖刀，随意刺向被害人的胸腹部，没有任何避开致命部位的防范意识，且连刺三刀，最终导致被害人死亡。犯罪嫌疑人主观上是一种不管不顾的放任心态，对被害人造成何种后果都不超过他的意志范围，这类案件应当根据犯罪结果认定罪名。本案造成了被害人死亡，那么就应当认定故意杀人罪。我还注意到，委托人在笔录中提到她在案发后一周，处理完弟弟的后事，洗澡时发现自己的胸口也有几道尖刀的划痕，她翻出案发当天穿的文胸，发现有两处破洞，当时她向公安机关提供了证据并做了笔录，但公安机关并没有将她列为被害人。

经过一个月的工作，针对案件定性问题以及委托人的诉讼地位问题，我向检察机关提交了书面意见，并多次与办案人员见面或电话沟通。最终检察机关采纳了我的辩护意见，在案件起诉时将罪名改为故意杀人罪，并将我的委托人认定为案件的被害人。

虽然案件的事实和法律适用问题得到了初步解决，但刑事案件中最重要的赔偿问题却因为犯罪嫌疑人一直心存侥幸、认为自己不会被判死刑而未提上协商日程。犯罪嫌疑人的想法也并非没有道理，因为他在杀人后主动到公安机关投案，如实供述了主要犯罪事实，可以成立自首。有自首情节的情况下，法院判处死刑立即执行的可能性较小。为此，我在审判阶段多次与法院沟通，说明本案的社会危害性，以及被害人上有八十岁的年迈父母、下有年幼子女的现实情况。经过和被害人家属的反复沟通，他们下定决心向法院表明不要一分赔偿，坚决要求对被告人判处死刑立即执行。

此时，被告人及其家属、辩护律师送来了“神助攻”：被告人、家属在明明有赔偿能力的情况下迟迟不付诸行动，其辩护律师竟然当庭作正当防卫的无罪辩护。庭审中辩方巧舌如簧，庭审主动权似乎被他们控制，以致庭审结束后我的委托人非常悲观沮丧。但我告诉她，法官心里有杆秤，对方越是巧言善辩，越是自陷不利。最后，果然不出所料，一审法院以故意杀人罪判处被告人死刑立即执行。被告人终于意识到要为自己的错误选择付出沉重代价，其遂在上诉期间通过家属积极与被害人家属协商赔偿事宜，最终被害人家属拿到了满意的经济赔偿，二审法院改判被告人死刑缓期两年执行。

凶手受到严惩，死者的在天之灵可以安息，家属也聊以安慰，得以恢复正常的生活，作为律师的我也长吁一口气，卸下了肩头的重担。回过头来看，我觉得支撑自己一次次锲而不舍地去争取和努力的正是一颗责任心，我凭借专业判断案件有争取的空间，又以坚持将目标化为现实。唯有责任，才能促使自己穷尽一切办法，为当事人争取每一分合法利益。

用事实说话，以证据论理——一字之差求生机

在刑事诉讼程序中，司法机关以各类证据还原案发事实，再参照法律规定完成对犯罪行为的定罪量刑。因此，证据是案件的基础，“打官司就是打证据”这句话在刑事案件中同样适用。刑事律师只有仔细反复地研读案件证据，不断地进行横向纵向比较和逻辑推理，才可能寻找到对当事人有利的蛛丝马迹，从而以四两拨千斤，获得理想的辩护效果。

2019 年注定是不平凡的一年，中央为期三年的扫黑除恶斗争进入第二个年头，不少案件都进展到审判阶段。因为涉黑恶案件往往罪名多，事实

繁杂，刑事律师的案头经常堆放着如山的案卷资料。在办理一起“套路贷”案件时，我看到了这样一节事实：被害人陈述2012年8月14日，他因欠被告人钱款未还，经与被告人协商，被害人写下一份《承诺书》，大体内容为被害人承诺于2012年12月先归还被告人50万元。之后，被害人陆续归还了12万元。同年9月27日，被害人的父亲与被告人达成一致，并写下一张借条，由被害人父亲替被害人归还剩余的38万元。后被害人父亲先后两次归还了38万元借款，被告人遂在《承诺书》下方写下“上述借款已还清”的字样。但同年9月30日，也就是被害人的父亲与被告人达成还款协议后的第三天，被害人又向被告人写下了一张35万元的借条，被害人笔录中称该35万元是在被告人的逼迫下所写，系补偿之前50万元借款的利息。对该节事实，被告人一直辩解自己实际交付了35万元现金借款，不存在逼迫或者欺骗的情形，但却苦于没有证据印证。

在反复研读证据的过程中，我发现了一个字眼：被害人写给被告人的《承诺书》中有一个“先”字，即被害人承诺2012年12月之前“先归还50万元”。根据一般常理，有“先”就有“后”，“先归还50万元”是否意味着50万元并不是被害人欠被告人的全部债务，归还50万元以后，还要归还余款。带着这一疑点，我再次会见了被告人，让他仔细回忆双方债权债务形成的详细经过。终于，被告人在这一提示下，回想起来双方的债务确实不止50万元，《承诺书》只是被害人作出的还款承诺，不是借条，双方之前另有借条。有了这一事实基础，我们大胆地向法院提出35万元可能是被害人需要归还被告人剩余借款的辩护意见，这样才能与《承诺书》中的“先归还50万元”相呼应，因此不能仅依被害人的单方面陈述认定被告人逼迫被害人写下35万元借条。

终于，一个“先”字的全面解读为我们赢得了辩护的转机，开庭后一周，法官对被告人变更为取保候审的强制措施。虽然案件还没有最终判决，但这一强制措施的变更就是对我们辩护工作的最大肯定。可喜的是，被告人恢复自由后在家中找到了年前被害人写给他借条，金额有 76 万元，时间也正好在签署《承诺书》三个月前，我们第一时间将这张借条提交给法院。至此，这一节案件事实终于水落石出。回想起来，可谓是《承诺书》中的一个“先”字拯救了整个案件。

我们刑事律师常说：“细节中藏着千军万马。”在刑事案件的办理过程中，只有不放过任何一个可疑的细节，将证据之间的关联与矛盾呈现出来，才能最终抵达胜利的彼岸。

换位思考，良性沟通——架起对话的桥梁

在刑事案件中，律师要处理好多头关系，有与家属、犯罪嫌疑人的委托关系，有与控方的对抗协商关系，还有与法官的说服与被说服关系。只有将每一层关系都处理得恰到好处，才能办出一件件精品案件。

首先，在与家属、犯罪嫌疑人的关系中，律师要做好专业引导，形成律师与家属的合力。对家属、犯罪嫌疑人来说，他们对刑事程序以及事实认定、法律适用都是“门外汉”，有时会凭借自己的想像认为应该如何办案，这时律师要发挥专业作用，将他们带回正轨。比如，我曾办理的一起由拆迁引起的寻衅滋事案件，这类案件因为有特殊的背景，处理起来需要综合考量案外案内各项因素。当时，家属因为比较着急，每天都给我发来大量的“参考资料”，并围绕他认为的案件焦点发来几十条微信语音。和家属的解释沟通工作占据了我绝大部分时间，导致我无法集中精力办理案件。于是，我和家属进行了一次深谈，告诉他这个案件的关键节点不在他认为的那些事实上，而在于如何协调拆迁与案件的关系，以及如何把握犯

罪嫌疑人的行为是否符合寻衅滋事罪的构成要件上。如果他要继续和我争论这些问题，那么将会影响我的正常工作，也会导致他们错过案件的处理时机。经过这次深谈，家属终于厘清思路，此后不再将他的那些非专业观点灌输给我，而是合理配合我的工作，最终经过共同努力，案件也取得了满意的效果。

其次，在与控方的沟通中，律师要保持有理、有利、有节。在刑事案件中，辩方和控方是天然对立的两方，这一点最突出地表现在侦查阶段。我碰到的最极端的情况是：前一天，公安机关对我作为辩护律师提交的取保候审申请书答复不予准许；后一天，公安机关对犯罪嫌疑人作出取保候审决定。究其根本，公安机关就是想表明，取保候审是其依职权作出的，与律师无关。我非常理解公安机关的这种心态，因为我之前在反贪局工作过一年，自己办理的案件就像自己精心培养的孩子一样，希望他各方面都符合健康合格的标准，不允许其他人在其中指手画脚。所以，在侦查阶段律师与公安机关的关系处理很微妙。但案件到批捕或者审查起诉阶段就会有所不同，因为我国《宪法》规定，检察机关是法律监督机关，要保持客观中立，既要收集对犯罪嫌疑人不利的证据，也要收集对其有利的证据。所以，辩护观点在检察机关这里可以充分表达和交流。笔者办理的很多刑事案件都是在与检察机关的沟通中取得了不批准逮捕或者减少指控罪名、事实的实效。当然，与检察机关沟通的“敲门砖”就是证据，如果你能够指出案件中存在证据不足或者证据之间相互矛盾的问题，那么就很容易与检察官达成共识。尤其在检察机关大力推行认罪认罚从宽制度的背景下，量刑协商为辩护律师提供了更广阔的舞台。律师只有在精研案件事实和量刑制度的基础上，才能提出高质量的辩护意见，将问题解决在审判前，为委托人争取利益最大化。

最后，在与法官的沟通中，律师要学会换位思考，选择最容易说服法官的路径。在案多人少矛盾长期存在的背景下，每个刑事法官几乎每天都有开庭任务，大量的案头工作甚至需要法官牺牲休息时间来完成。如果我们律师提交的辩护意见长篇累牍，谈古论今，法官很难有时间和耐心读完。因此，在与法官的交流中要重点突出，条理清晰。刑事律师要抓住在庭审中集中表达辩护观点的机会，尽量用明白易懂的短句表达观点，语气与内容相辅相成，让法官听得清、听得进；发表辩护意见要围绕案件焦点，切忌跑题偏题；阐述事实要有证据支撑，论证法律适用要有法条依据；庭后提交的书面辩护意见中，律师要善于运用图表等可视化工具。比如，在一起聚众斗殴案中，人多眼杂，每个人对事实经过的描述都有出入，那么该如何认定事实就是案件的焦点、难点。检察机关指控我的当事人金某某系聚众斗殴的组织者，这意味着她的量刑在三年以上。在会见金某某时，她多次强调她只想一个人去和对方把事情讲清楚，根本没有叫人，甚至还和其中一个人讲到“我的事情自己解决，不用你插手”。带着这条线索，我将案件中各个被告人的供述作了系统梳理，围绕“谁叫我去的”“金某某讲了什么话”“金某某做了什么事”这三个问题，制作了一份表格。这样一来，赶到现场的人究竟是受谁纠集一目了然：其中一部分人是想追求金某某的李某某自作主张纠集的；另一部分是看别人都去了，自己磨不开面子就跟风去了。法官看到这张表格后，很自然地作出了判断：认定金某某为聚众斗殴的参加者，判处有期徒刑一年六个月。

自从转型到律师行业以来，我时刻感受到来自当事人及家属的期许和来自案件的压力，律师是一个边干边学的职业，就像世界上没有两片完全相同的树叶一样，也没有两个完全相同的案件。每个案件、每个当事人都各有特点，刑事律师永远不知道自己的下一个当事人是谁、涉嫌什么犯罪。也正因如此，我热爱这个充满新奇和挑战的职业，我将用自己的初心、恒心和信心迎接未来，以自己的专业、专注和专长走好每一步。

民商事再审案件代理之道*

赵青航[1]

1 赵青航，权益合伙人，杭州市律师协会民事专业委员会秘书长，2020 年度杭州市律师行业最美共产党员，zqh@ zjblf. com

* 本文发表于《中国律师》2020 年第 5 期。

律师能否将民商事再审业务作为专业化方向？

律师执业专业化发展是行业的主流趋势，重大疑难再审案件作为一类高端诉讼专业化方向应运而生。若律师选择将民商事再审业务作为专业方向，笔者认为，优势和一些“弊端”皆很明显。

（一）优势

1. 再审业务普遍化

2007 年《民事诉讼法》修正前，再审程序具有类似于申诉、信访的性质。2012 年《民事诉讼法》修正时，立法者对再审程序进行了诉讼化改造，申请再审成为当事人法定的程序性救济权利。再审作为两审终审外的法定救济途径，得到了较为广泛的适用。因此，从市场角度看，客户欲“抓住最后一根救命稻草”的救济心理给律师行业带来了巨大的再审业务需求，其成为律师获客的重要途径，也是律师创收的一条渠道。

2. 再审业务独有的“高端”性

民商事再审案件具有审级高、影响大、操作程序精细等特点。争议双方针尖对麦芒，更是呈现出对抗性强的特质。这些特点和特质充分展现了再审业务的高端性，笔者将其誉为一、二审诉讼业务的“集大成者”。虽然高端的特质决定了律师办理再审案件的难度，但毋庸置疑，律师代理复杂、疑难的再审案件时得以接触各类案由，有利于开拓律师的办案视野。

3. 有利于提升律师的职业尊荣感

笔者深感，一方面，再审案件的审级高，代理难度大，接触的法官、律师业务素质相对高，通过经年的积累，律师会逐渐提升自信，收获客户的认可，应该能够体会到职业尊荣感。另一方面，从最高人民法院审判委员会的职能上看，其讨论的案件绝大多数是再审案件。2019 年年底最高人民法院审判委员会首次邀请案件代理律师分阶段参加，陈述意见并接受审委会委员询问。对律师来说，这是一种巨大的职业激励与荣耀。

4. 律师业务学习的客观需要

在司法实践中，最高人民法院法官在裁判文书中的重要观点往往是之后司法解释或司法文件中一些裁判规则的提前“展示”。代理再审案件会迫使律师必须去收集、学习最高人民法院大法官、主审法官的司法观点（且这些裁判观点都是有迹可循的）。若将吸收经典裁判观点作为日常工作习惯，能够极大地提高律师判断法律问题的精准性和认知法律观点的精确度，这对律师从事各种法律业务都是助益良多的。

（二）若干“弊端”

1. 客户的高期望带给律师的工作压力

对终审败诉的当事人而言，申请再审几乎是其最后的诉讼救济途径，聘请优秀律师作为再审的诉讼代理人就是为了反败为胜。终审胜诉的当事人对再审败诉的结果则更加难以接受，为了“巩固”胜诉成果，他们往往也会委托专业律师代理。因此，双方当事人都会对律师抱有最大的期望。最终，无论代理哪一方，当事人的高期望值都会转化成律师的实际工作压力。可以想像，代理再审案件的劳神费力是不可避免的。

2. 实体上的不确定性

不少当事人乃至律师同行会认为：“这个案子二审确实判错了，我去申请再审，就一定能启动再审。”这种认识其实是不成熟的。须知，办理再审申请审查案件，是否能启动再审程序进行纠错，法院是拥有一定选择权的。如果终审裁判错误不大，或错误没有构成“硬伤”，不符合《民事诉讼法》第200条第（13）项事由，法院是有权不“纠错”的，这即是“选择权”。这也决定了法院审查再审申请时在实体上具有较大的不确定性。此外，对于再审改判的标准，各地、各级法院之间，乃至最高人民法院内部都不可避免地存在认识分歧、做法不一致的情况，从而增加了律师代理结果的不确定性。

3. 程序上的不确定性

再审案件在程序上有很大的不确定性。无论学理抑或实践，再审程序的适用条件与既判力范围均存在极大的争议。举个例子，一起经历过再审程序的案件，当事人还能否申请再审？对此，主流观点认为此类案件不能再审，但实践中并存着不同的司法观点。例如，2017年最高人民法院答复山东省高级人民法院：“再审后将案件发回重审作出的生效裁判，当事人不服的，可以根据民事诉讼法第一百九十九条的规定申请再审。”可以想见，程序适用的不确定性显著提高了律师的代理难度。

4. 再审启动流程的复杂性

据最高人民法院一位法官介绍，法院在接受再审申请后，该再审申请案件在法院内部要经历法官初步审查再审申请—调卷—询问—合议庭讨论—法官联席会议讨论等多个内部流程后，法院才能决定是否启动再审。启动再审程序的流程可谓精密复杂，但律师的参与度并不高，代理存在客观的难度。

5. 再审申请被驳回的常态性

这主要基于以下三个原因：第一，近年来我国诉讼案件“井喷”，大量再审案件涌入高审级法院，法院和法官面临巨大的审判压力。一些法官对错误不明显的案件以及能驳回的再审申请案件尽量驳回。第二，再审法院要衡平多种司法价值之间的关系，例如，维护个人权利与维护法的安定性之间的关系，纠纷裁判错误与维护司法权威之间的关系，裁判的正确性与司法的终局性之间的关系。现实是，不少法院和法官比较侧重法的安定性、维护司法权威和司法的终局性，持“能维则维”的态度，轻易不“动”下级法院的裁判。第三，地方高级人民法院（尤其是直辖市的高级人民法院）与该地区内中级人民法院的关系紧密度较高，地方高级人民法院往往不愿轻易启动纠错。因此，法院对驳回再审申请有较为明显的倾向，低启动率反映出再审申请被驳回是司法实践的常态。

代理民商事再审案件的若干经验

（一）精准解析再审程序

再审程序远较一、二审程序复杂，绝大多数当事人和不少律师同行对“再审程序”本身较为陌生。为更清晰地说明该部分内容，笔者绘制了下图（见图2－1）：

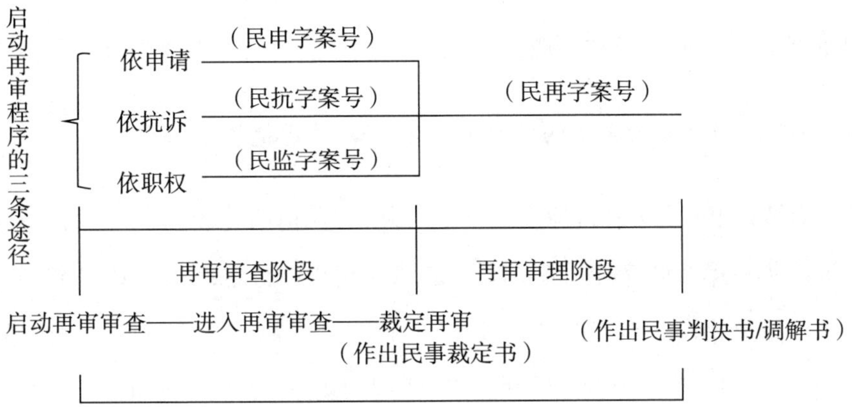

图2－1 再审程序

首先，从横向上看，再审程序分为再审审查和再审审理两个阶段。其中，法院在再审审查阶段的主要任务是审查再审事由，内含启动再审审查—进入再审审查—裁定再审这三个步骤。再审审查阶段结束的标志是法院作出民事裁定书，结果不外乎两种：一是驳回再审申请；二是提审/指令审理，或发回重审。囿于篇幅，下文仅涉及提审。

其次，从纵向上看，根据《民事诉讼法》第16章“审判监督程序”的相关规定，再审程序可通过依申请、依抗诉和依职权三种途径启动。待法院受理后，案件分别取得民申字、民抗字、民监字案号。囿于篇幅，下文仅涉及律师代理当事人向法院申请再审（即获得民申字案号）这种启动途径。

最后，如果某案经过再审审查阶段被提审，就将正式进入再审审理阶段。法院在再审审理阶段的主要工作是对原审案件进行再次审理。这时，该案就会获得民再字案号。经过再审审理，法院会作出民事判决书（或改判，或维持原审判决）或调解书，再审程序结束。

笔者做上述介绍，除了便于读者更全面地理解再审程序，还为给律师同行一个提示：为使当事人客观评估代理效果，律师可采取分再审审查和再审审理两个阶段收费的方式，不建议采用“一口气”的收费方案。

（二）明确启动再审的“硬伤”标准，并清楚展示

申请再审时务必抓准原审裁判的“硬伤”。何谓“硬伤”？例如，《民事诉讼法》第200条第（6）项规定“原判决、裁定适用法律确有错误的”，“确有错误”四字即是“硬伤”。其中，“确有”是“硬”，“错误”系“伤”。只有原审裁判在法律适用上构成“硬伤”，法院才可能启动再审程序。上述标准显然高于二审改判标准。根据《民事诉讼法》的规定，原判决、裁定适用法律错误的，二审法院即可改判，此时只要原审裁判在法律适用上有“错误”，而不需要“确有错误”。再如，《民事诉讼法》第

200 条第（2）项规定“原判决、裁定认定的基本事实缺乏证据证明的”，此处要求的必须是“基本事实”。这意味着，法院针对当事人就认识问题或自由裁量问题提起的申请一般不启动再审程序。

律师在申请再审环节，展现“硬伤”最主要的形式就是再审申请书。不少律师在撰写再审申请书时惯用写起诉状、上诉状时的套路——隐藏“火力”，以免向对方提前暴露己方的重要观点。这种想法完全是错误的。再审申请书不仅要有理有据，而且要能“打动”法官。为达到这一效果，笔者结合自己的办案经验，提两点建议：

1. 在“事实与理由”部分的首部，写一段“申请再审的主要观点”，再分点展开详述

让作为读者的法官在看完这话后，能够以最清楚、最高效的方式明了己方的思路与诉求。这非常考验律师对案件体系的把握能力。示例如下：

> 我方申请再审的总体思路是：案涉纠纷系侵权责任纠纷。原审法院未查明侵权行为是否系 A 公司员工所为、与侵权行为发生相关的工程是否属 A 公司施工范围，亦无视 B 公司备用风机与主风机性能不匹配、备用电缆未及时启用等客观事实，将与 A 公司无关的施工人员实施的、与 A 公司施工合同也无关的行为，所导致的侵权责任归于 A 公司，将主风机跳停之后 B 公司遭受的全部损失均归于 A 公司，无论从事实认定上，还是法律适用上，均系错误。

相信读者也会发现，这段表述看起来依然比较复杂，此时如再配上一张可视化图（见图 2－2），效果会更佳：

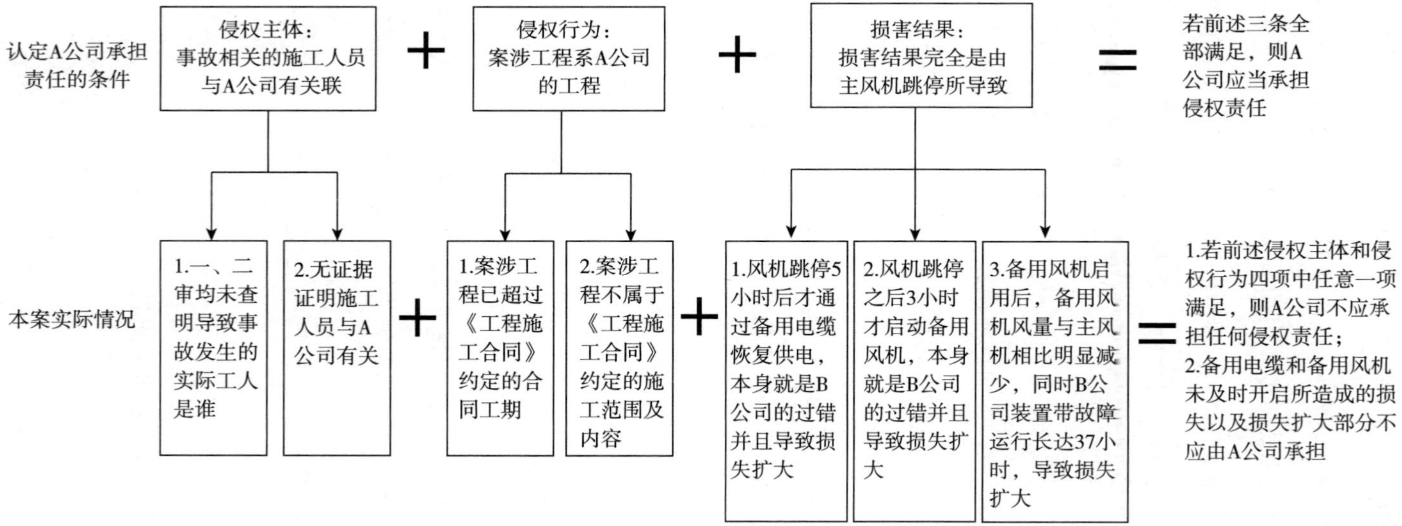
认定A公司承担责任的条件
侵权主体：事故相关的施工人员与A公司有关联
+
侵权行为：案涉工程系A公司的工程
+
损害结果：损害结果完全是由主风机跳停所导致
=
若前述三条全部满足，则A公司应当承担侵权责任
本案实际情况
1.一、二审均未查明导致事故发生的实际工人是谁
2.无证据证明施工人员与A公司有关
+
1.案涉工程已超过《工程施工合同》约定的合同工期
2.案涉工程不属于《工程施工合同》约定的施工范围及内容
+
1.风机跳停5小时后才通过备用电缆恢复供电，本身就是B公司的过错并且导致损失扩大
2.风机跳停之后3小时才启动备用风机，本身就是B公司的过错并且导致损失扩大
3.备用风机启用后，备用风机风量与主风机相比明显减少，同时B公司装置带故障运行长达37小时，导致损失扩大
=
1.若前述侵权主体和侵权行为四项中任意一项满足，则A公司不应承担任何侵权责任；
2.备用电缆和备用风机未及时开启所造成的损失以及损失扩大部分不应由A公司承担

图2–2　案件体系可视化

2. 将“硬伤”体现在再审申请书中的每个大标题内

理想的标题应当既要紧扣再审事由，还要展现原审裁判的“硬伤”。这种标题的取法所要达到的效果是：法官不看正文，仅看大标题，就能掌握再审申请的主要理由与论据。这将考验律师的要点提炼能力。示例如下：

> 一、一审判决认定“合同的签订属于双方以虚假的意思表示实施的民事法律行为，应当无效”，二审判决认定“不足以认定双方订立了真实的商品房买卖合同”，该认定显系《民事诉讼法》第200条第（2）项规定的缺乏证据证明，事实认定错误，并系《民事诉讼法》第200条第（6）项规定的法律适用不当。

这种标题的取法形式上是对再审事由的说明，实质上是对再审请求的论证。具体的说明和论证就留在正文中详细论述，确保证据事实的充实度和法律观点的说服力，做到有理有据。

（三）申请再审停止执行的理由

诚然《民事诉讼法》第199条明确规定“当事人申请再审的，不停止判决、裁定的执行”，但在司法实践中，有的地方法院在《执行裁定书》中写道：“本案审理中涉及的证据采信问题对判决结果能够产生重大影响，目前××省高级人民法院已经受理申诉，正在审查阶段，为了避免可能产生的执行回转后果，在××省高级人民法院对异议人的申诉作出结论以前，不宜对当事人双方存在争议的房屋装修款及评估费予以执行……裁定如下：……暂时停止对……予以执行。”

笔者也遇到过个别高度谨慎、负责的执行法官采用这类理由暂不执行。其实，法院在执行时如此操作也是有法律依据的。《民事诉讼法》第256条规定："有下列情形之一的，人民法院应当裁定中止执行：……（五）人民法院认为应当中止执行的其他情形。"律师在代理再审案件时如涉及执行，可采用这一思路。

（四）"新的证据"的三点运用规则

《民事诉讼法》第200条确立了申请再审的13项事由，其中第一项就是"有新的证据，足以推翻原判决、裁定的"。该事由既实用，又常用，笔者就多次通过该事由获得了较好的再审代理效果。在此，笔者分享"新的证据"的三点运用规则。

第一，"新的证据"在再审审查阶段的三个功能。第一大功能是对超过6个月申请再审期限的补救。《民事诉讼法》第205条规定："当事人申请再审，应当在判决、裁定发生法律效力后六个月内提出；有本法第二百条第一项、第三项、第十二项、第十三项规定情形的，自知道或者应当知道之日起六个月内提出。"如果把6个月视为申请再审的"时效"，在申请再审时提交新证据则可以理解为"时效的中断"。但再审申请人需证明是在裁判生效6个月后才发现该新证据，即证明自己晚于六个月申请再审是没有过错的。

第二大功能是增加询问的可能性。关于再审审查阶段的询问程序，主要有两处法律规定。一是，《民事诉讼法》第203条规定，"人民法院可以要求申请人和对方当事人补充有关材料，询问有关事项"。二是，《最高人民法院关于适用〈中华人民共和国民事诉讼法〉的解释》（以下简称《民诉法解释》）第397条作了进一步规定，"人民法院根据审查案件的需要决定是否询问当事人。新的证据可能推翻原判决、裁定的，人民法院应当询问当事人"。确立询问程序的目的是法院贯彻辩论原则，保障当事人对于案件的知情权和参与权，规范审查程序，提升司法公信力。笔者认为，可将询问视为再审审查阶段的开庭程序。询问程序一般包括六个阶段：通知、准备、当事人陈述、调查、和解和核对笔录。[①] 但要知道，绝非每个申请再审的案件都会经历询问程序，询问与否，取决于法院“审查案件的需要”，即办案人员的办案尺度。法院一旦召集双方询问，说明法院意识到该案有再次审查的必要，需要当事人对再审事由和具体事实理由陈述意见。当事人和代理律师务必要把握好这次与法官当面交流案情的机会，充分发表意见。

还有一个提示，如果再审申请人提交了新证据，且新证据的证明力度较大（达到“可能推翻原判决、裁定”的程度），此时法院应当询问当事人。所以，新证据越有力、越扎实，询问的可能性就越大。

第三大功能是改变立论基础，从而增大启动的概率。什么样的新证据才能改变原审的立论基础？这涉及再审新证据的实质性认定标准。《民事诉讼法》及有关的司法解释均未界定“足以推翻”，导致各地法院在司法实践中把握的标准参差不齐，以致提起再审的门槛高低不一，不利于维护生效裁判的既判力，对司法权威也会造成损害。通过《民诉法解释》第387条第1款的规定可以得出一个结论，再审申请人提供的新证据，能够证明原判决、裁定认定基本事实或者裁判结果错误的，该证据才能被认为是“足以推翻原判决、裁定”。[②] 其中，基本事实是指对原判决、裁定的结

---

① 沈德咏主编：《最高人民法院民事诉讼法司法解释理解与适用》，人民法院出版社2015年版，第1051页。

② 在再审审查阶段如何把握“足以推翻”的标准，实务中有两种做法：一是采取必然性标准，即再审后必须改变原裁判；二是采取盖然性标准，即该证据可能推翻原裁判。最高人民法院认为，再审审查阶段的主要目的是审查生效裁判是否具备法定的再审事由，不能用再审审理的功能取代再审审查的功能，不能用再审审理的目的取代再审审查的目的。因此，在再审审查阶段，对“足以推翻”的把握，宜以高度盖然性为标准，而不能要求新证据必须推翻原裁判，否则很可能导致应该再审的案件没有进入再审或者再审审理程序形式化。参见沈德咏主编：《最高人民法院民事诉讼法司法解释理解与适用》，人民法院出版社2015年版，第1024页。

果有实质性影响、用以确定当事人主体资格、案件性质、具体权利义务和民事责任等主要内容所依据的事实。① 因此，如果新证据只能证明原判决、裁定存在一般瑕疵，就不应认定为足以推翻原判决、裁定。

第二，再审申请人未在原审提供证据却在申请再审时提供新证据，会有相应的法律后果。《民诉法解释》第387条第2款规定："对于符合前款规定的证据，人民法院应当责令再审申请人说明其逾期提供该证据的理由；拒不说明理由或者理由不成立的，依照民事诉讼法第六十五条第二款和本解释第一百零二条的规定处理。"

针对该条规定中"逾期提供该证据的理由"，《民诉法解释》第388条列举了三种情形，再审申请人若能证明其提交的新证据符合这三种情形之一的，法院可以认定逾期提供证据的理由成立（即未在原审提供证据的正当理由）：（1）在原审庭审结束前已经存在，因客观原因于庭审结束后才发现的；（2）在原审庭审结束前已经发现，但因客观原因无法取得或者在规定的期限内不能提供的；（3）在原审庭审结束后形成，无法据此另行提起诉讼的。同时，再审申请人提交的证据在原审中已经提供，原审法院未组织质证且未作为裁判根据的，视为逾期提供证据的理由成立，但原审法院依照《民事诉讼法》第65条规定不予采纳的除外。

第三，在一定条件下，提交再审新证据的当事人要补偿其他当事人必要的费用。《民诉法解释》第411条规定："当事人提交新的证据致使再审改判，因再审申请人或者申请检察监督当事人的过错未能在原审程序中及时举证，被申请人等当事人请求补偿其增加的交通、住宿、就餐、误工等必要费用的，人民法院应予支持。"司法解释作此规定，是因为新证据打破了已经稳定的法律关系，给其他当事人增加了诉讼成本，因此，法院需

---

① 沈德咏主编：《最高人民法院民事诉讼法司法解释理解与适用》，人民法院出版社2015年版，第1022~1023页。

要平衡各方当事人在再审程序中的利益。[1]

（五）关于再审案件收费的两点提示

实践中不少律师帮客户打赢了官司，但客户却对律师说："律师费我暂时没法支付，接下去对方还有权向法院申请再审，如果我再审输了，怎么还能付你律师费呢?"为尽量避免这类纷争，笔者建议：

1. 即使一审、二审诉讼的《委托代理合同》未约定申请再审的委托内容，也建议律师就申请再审、抗诉等程序对客户作相应的提示，以免之后发生委托事项或收费上的争议。

2. 若《委托代理合同》不包含申请再审的委托事项，也建议律师尽力争取在合同中写明"如日后法院依再审程序改判本案，律师费不予退回"，并请当事人在二审（终审）裁判作出后尽快支付律师费，避免当事人以不支付律师费相"要挟"，迫使律师进入漫长的再审代理之路。

结　语

再审案件疑难复杂且操作难度大，在实体上与程序上具有双重不确定性，需要律师凭借智慧和经验去积极应对。代理再审案件对律师的压力和考验是巨大的。相应地，律师通过常态化地代理再审案件能得到切实的业务锻炼，业务能力会快速提升。期待有更多的律师同行能将代理再审案件作为专业化的执业方向，投身到这一富有挑战性且充满魅力的诉讼程序中来。

---

① 沈德咏主编：《最高人民法院民事诉讼法司法解释理解与适用》，人民法院出版社 2015 年版，第 1085 页。

政府立法项目办理之道

钱雪慧[1]

[1] 钱雪慧，高级合伙人，杭州市第十一届政协委员，浙江省优秀女律师，qxh@ zjblf. com

自2014年办理第一个政府立法事务起至今，笔者接受政府方的委托，共承办5个立法评估或立法研究课题，深感不易。

这类服务项目并不像传统律师诉讼业务那般立竿见影，而是以地方立法形式予以体现，笔者深感责任重大。由于研究对象不同，很难有章可循，这就对律师的独立研究能力、实务调查能力以及问题分析能力提出了非常高的要求。技术难度大、服务周期长，因而课题组必须进行深入、扎实的研究工作，方得始终。

生成一张“导航图”

立法研究课题工作内容广、径度深、服务周期较长，单兵作战显然力不能支。因此，组建团队开展合作尤为重要，模块分工，合力而为。而各个工作模块环环相扣，课题组成员的工作必须相互配合支撑，保持工作进度的一致性。立法课题研究中第一步着手要做的工作便是确定工作计划，形象地说，是立法研究课题的“导航图”。

根据我们的实践经验，立法课题研究可分为六个阶段：课题准备阶段、前期研究阶段、实地调研阶段、疑难问题研究阶段、成果撰写阶段、结题验收阶段。课题组需在各阶段确定任务要求、时间节点及人员分工等，确保课题按计划有序进行。在本次立法课题中，课题组专就每个研究阶段进行了细节安排（见图3－1）：

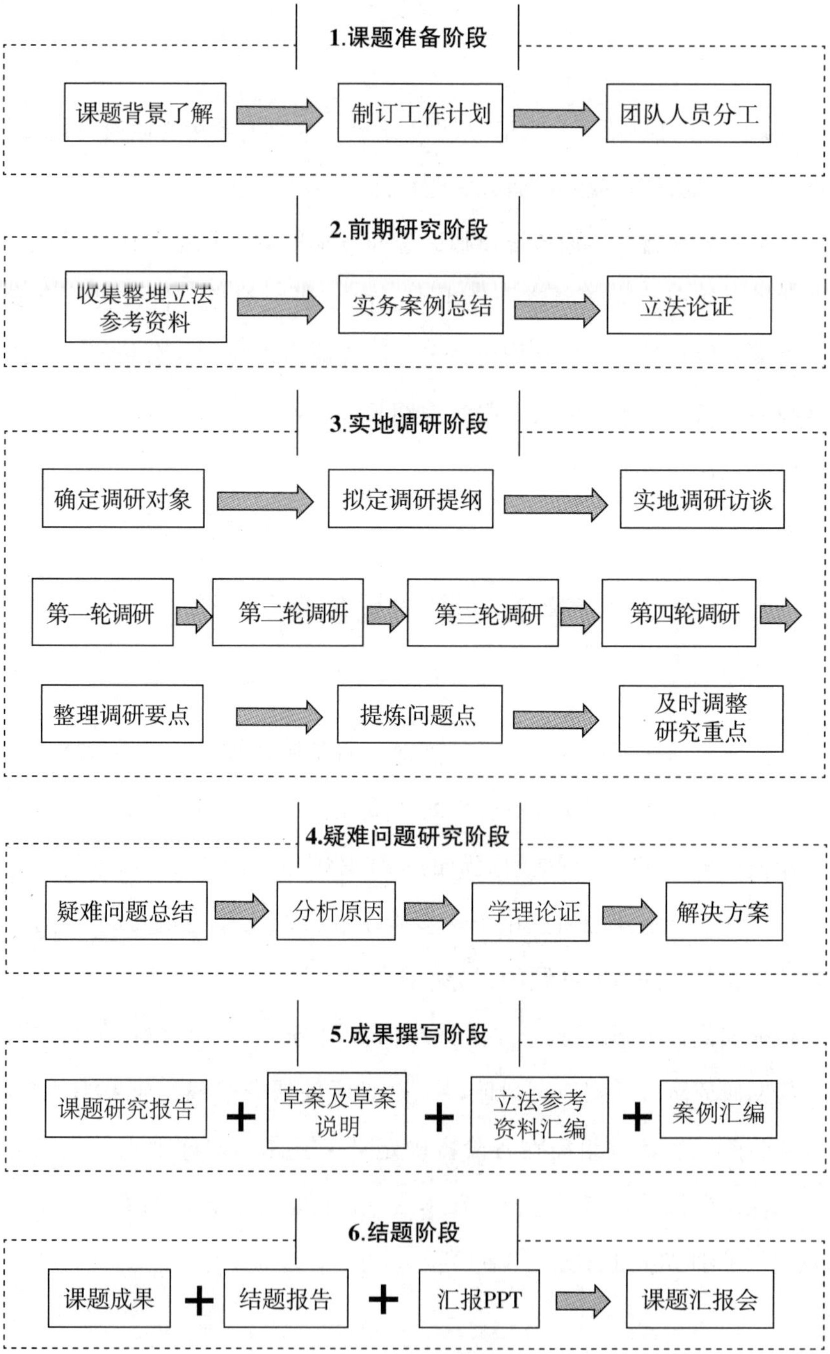
1.课题准备阶段
课题背景了解
制订工作计划
团队人员分工
2.前期研究阶段
收集整理立法参考资料
实务案例总结
立法论证
3.实地调研阶段
确定调研对象
拟定调研提纲
实地调研访谈
第一轮调研
第二轮调研
第三轮调研
第四轮调研
整理调研要点
提炼问题点
及时调整研究重点
4.疑难问题研究阶段
疑难问题总结
分析原因
学理论证
解决方案
5.成果撰写阶段
课题研究报告
+
草案及草案说明
+
立法参考资料汇编
+
案例汇编
6.结题阶段
课题成果
+
结题报告
+
汇报PPT
课题汇报会

图 3－1　研究步骤

调查研究对象的“前世今生”

毋庸置疑，做立法课题研究前首先要着眼立法的背景情况。从方法论而言，应从“古今”两条线铺展开来。通俗地说，就是了解研究对象的“前世今生”。

“前世”，就是要系统了解某一行业或领域立法的历史沿革。这个环节需要特别强调的是，不仅要调查各个历史阶段的立法情况，更要进一步了解其社会背景。经济基础是上层建筑赖以存在的根源，上层建筑是经济基础在政治上和思想上的表现。经济基础决定上层建筑，上层建筑反作用于经济基础。在研究过程中，如遵循两者之间相互作用关系的原理，则对立法沿革的理解会更为清晰透彻。这一点非常重要。

“今生”，就是要分析归纳因社会发展导致客观条件变化，从而出现的与上位法冲突、与实践不相适应等现象和问题的原因，以及实务中凸显出的具体问题和亟待解决的矛盾。以“杭州建设工程质量安全监督管理立法课题”为例，必须关注到：在“还政于政”的行政机构改革大背景下，原行使监督职责的监督单位职责权限丧失问题的来由问题；在“最多跑一次”的审批流程简化改革背景下，与现有质量监管程序产生的冲突和矛盾的来由等问题。

在具体实施方法上，课题组通过研读大量背景资料，对不同时期进行专项分解，分别阐述当时的社会背景和法律政策背景，运用联系的、全面的、发展的观点看待立法演变。研究目的在于通过对“前世今生”的分析，对如何通过立法手段在解决具体问题的同时，平衡好发展和改革关系、政府和市场关系、权力和权利关系、惩罚与引导关系。围绕这一立法课题研究的指导思想，课题组开展具体的实施工作。

构建“立体”的立法现状模型

“立体”的立法现状模型，即既要有以立法高低位阶的纵向线，也要有借鉴立法先进地区的横向线，更要归纳各类行政判例凸显出的矛盾和问题所编织而成的“红线”。

（一）纵向立法体系研究方法

沿着纵向线，课题组依次从法律、行政法规、部门规章、地方性立法、政府规章、各类行政规范性文件等，根据位阶的高低，全面收集研究对象的所有立法。这并不是简单地制作一本《立法汇编》，而是对既有立法的整理和分析的加工过程。以下展示两种分类分析法：

1. 以立法位阶为线索进行对比分析

之所以首先采用这种方式进行分类分析，是因为通常而言立法是从高位阶到低位阶延展细化的过程，对某个领域立法的研究首先需要“寻宗问祖”，即寻找立法之起点，如此方可顺藤摸瓜了解立法之脉络。做这步工作的时候，要注意不可求全，而是勾勒出主体轮廓即可。行政主管部门的规范性文件由于偏重具体操作层面的内容，故暂不纳入。

以“杭州建设工程质量安全监督管理立法课题”为例，根据表 3 – 1 可查得：实务中的两大监督职能“质量监督”“安全监督”首先是以《建筑法》和《安全生产法》中的两个章节开始，到了行政法规位阶便呈现以专门条例的形式，再逐步往下位阶立法进行内容上的细化（见表 3 – 1）。

表 3－1 立法位阶索引

	质 量	安 全	文明施工
人大立法（法律）	《建筑法》第 6 章建筑工程质量管理	《建筑法》第 5 章建筑安全生产管理 《安全生产法》 《消防法》	无
国务院（行政法规）	《建设工程质量管理条例》 第 7 章监督管理	《建设工程安全生产管理条例》第 5 章监督管理 《安全生产许可证条例》 《生产安全事故报告和调查处理条例》	无
浙江省人大（地方立法）	《浙江省建设工程质量管理条例》	《浙江省安全生产条例》	无
杭州人大（地方立法）	无	《杭州市建设工程施工安全管理条例》	无
杭州市政府（规章）	《×质量监督管理办法》已被废止	无	《杭州市建设工程文明施工管理规定》

2. 以立法“主要内容”为线索进行对比分析

根据我们的经验，虽然某一行业或者领域的立法会涉及方方面面，但其也有重点要解决的问题。因此，沿着立法“主要内容”为线索进行对比分析，是快速掌握立法核心轮廓的捷径。

以“杭州建设工程质量安全监督管理立法课题”为例，课题组针对性地对“质量监督”与“安全监督”，从行业管理的口子切入，进行分类对比。从表 3－2 可知在住建部层面，分别从质量和安全两个维度的监督管理入手，制定了不同的部门规章；在省建设厅层面，沿袭了住建部的逻辑，也分别从质量和安全两个维度进行规制；而市级层面，则大多将“质量”和“安全”放在同一文件中进行规定（见表 3－2）。

表 3-2 立法内容索引

颁发部门	名　称	实施时间
住建部	《房屋建筑和市政基础设施工程质量监督管理规定》	2010 年
	《房屋建筑和市政基础设施工程施工安全监督规定》	2014 年
	《房屋建筑和市政基础设施工程施工安全监督工作规程》	2014 年
浙江省住房和城乡建设厅	《浙江省房屋建筑和市政基础设施工程质量监督管理办法》	2011 年
	《关于进一步加强建筑施工领域企业安全生产工作的实施意见》	2011 年
	《浙江省建设工程质量监督机构和监督人员考核管理实施细则》	2008 年
杭州市建委	《杭州市人民政府办公厅关于进一步规范杭州市建筑市场秩序强化建设工程质量安全管理的实施意见》	2011 年
	《杭州市建设工程质量安全管理工作意见》	2012 年

（二）横向立法体系研究方法

“他山之石，可以攻玉”，总结其他地方的先进立法经验，以便提炼出可供杭州市地方立法参考的先进制度和方法。在具体实施方法上，可采取“总括”和“细研”两条路径。

第一步，总括。课题组选取了相对经济发达且立法先进的北京、上海、广东三地的立法进行横向研究，先以总体概括的方式呈现整体概貌（见表 3-3）。

表 3－3 横向立法体系研究

	地方性法规	政府规章	规范性文件
北京市	《北京市建设工程质量条例》	被废止，暂无	《北京市房屋建筑和市政基础设施工程质量监督工作规定》 《北京市房屋建筑和市政基础设施工程施工安全监督实施办法》
上海市	《上海市建设工程质量和安全管理条例》	《上海市建设工程质量监督管理办法》	《上海市建设工程质量安全监督工作规定》 《上海市建设工程质量安全巡查管理办法》
广东省	《广东省建设工程质量管理条例》	无	《广东省住房和城乡建设厅关于房屋建筑和市政基础设施工程质量监督工作指引（暂行）》 《广东省住房和城乡建设厅关于房屋建筑和市政基础设施工程施工质量安全动态管理办法》

第二步，细研。课题组针对某地的法律进行细致深研。以《北京市建设工程质量条例》研究为例，首先，简练归纳条文主要内容：该条例共 7 章，分别为第 1 章总则、第 2 章建设工程有关单位的质量责任、第 3 章建设工程有关人员的质量责任、第 4 章工程建设各阶段的质量责任、第 5 章建设工程质量保障、第 6 章法律责任、第 7 章附则，共计 106 个条文。其次，给出研究评析意见，例如"条文分两条线，既按照各方主体的脉络对建设工程有关单位及单位人员进行原则性规定，又按建设工程各阶段'建设前期、勘察设计、施工、竣工验收、保修'等详细阐述各方责任"。最后，提出对杭州的借鉴意义，例如"《北京市建设工程质量条例》第 69 条逐步建立监督执法过程追溯机制，定期对本地区工程质量动态状况进行分析、评估，对于杭州的质量监督工作细化完善有一定借鉴作用等"。

（三）行政执法案例研究方法

之所以称为“红线”，乃因被研究对象在执行过程中遭遇到的现实冲击，非常具有研究意义。行政相对人对执法权限、执法程序、执法处罚等，通过行政复议及行政诉讼的方式对合法性或合理性提出质疑。对这些判例的研究，将帮助课题组研究人员脱离单向思维之囿，全面地从行政相对人角度以及司法审查角度重新审视立法的内容。

在具体实施方法上，可按照以下步骤操作：首先，课题组通过中国裁判文书网、法律智能操作系统案例数据库，搜集杭州市范围内与建设工程质量安全监督相关案件；其次，课题组通过与行政执法一线的有关工作人员座谈交流收集执法案例；最后，将所有案例汇总分类，归纳出主要的执法风险点。课题组选取了 1 ~2 个典型案例逐一分析案件中的执法风险点，对实践中的疑问进行了回应。在成果展示方面，可以单独制作《案例汇编》作为研究报告之附件。

可视化在立法课题中的运用

立法研究课题组需要在短时间内消化某一行业或领域庞杂的各类法律法规，很多初次接触立法研究课题的人，都会对这一浩大工程产生畏难情绪，更别说在这个基础上得出研究结论。

第一个难点是，目前国内就某一行业或领域的各个不同位阶的立法没有完全条理化，某个具体问题会散见在不同的法律法规之中，且规制的侧重点又不同。第二个难点是，相较于法律、行政法规、地方性法规及政府规章，具体承担行政管理职能的行政机关颁发的各类行政规范性文件内容上极为分散，相互之间并没有较强的内在逻辑联系，而极具实操性的规定又甚为具体。这对于没有具体实际行政管理工作经验的研究人员而言，从认知理解到消化吸收，存在较大难度，而且非常耗时。

怎么破解这个研究方法上的难题？实践表明，对法条进行可视化的对比分析，可帮助研究者快速地掌握各个法律的主干和核心内容。课题组逐一对主要法律法规进行可视化的工作，即将每一部重要的法律规定先细读一遍，然后以关键词归纳每个条文，进行可视化的制作。如此一来，后期工作时看到可视化图例便可联想起条文的内容，起到事半功倍之效。具体示例如下（见图3-2）：

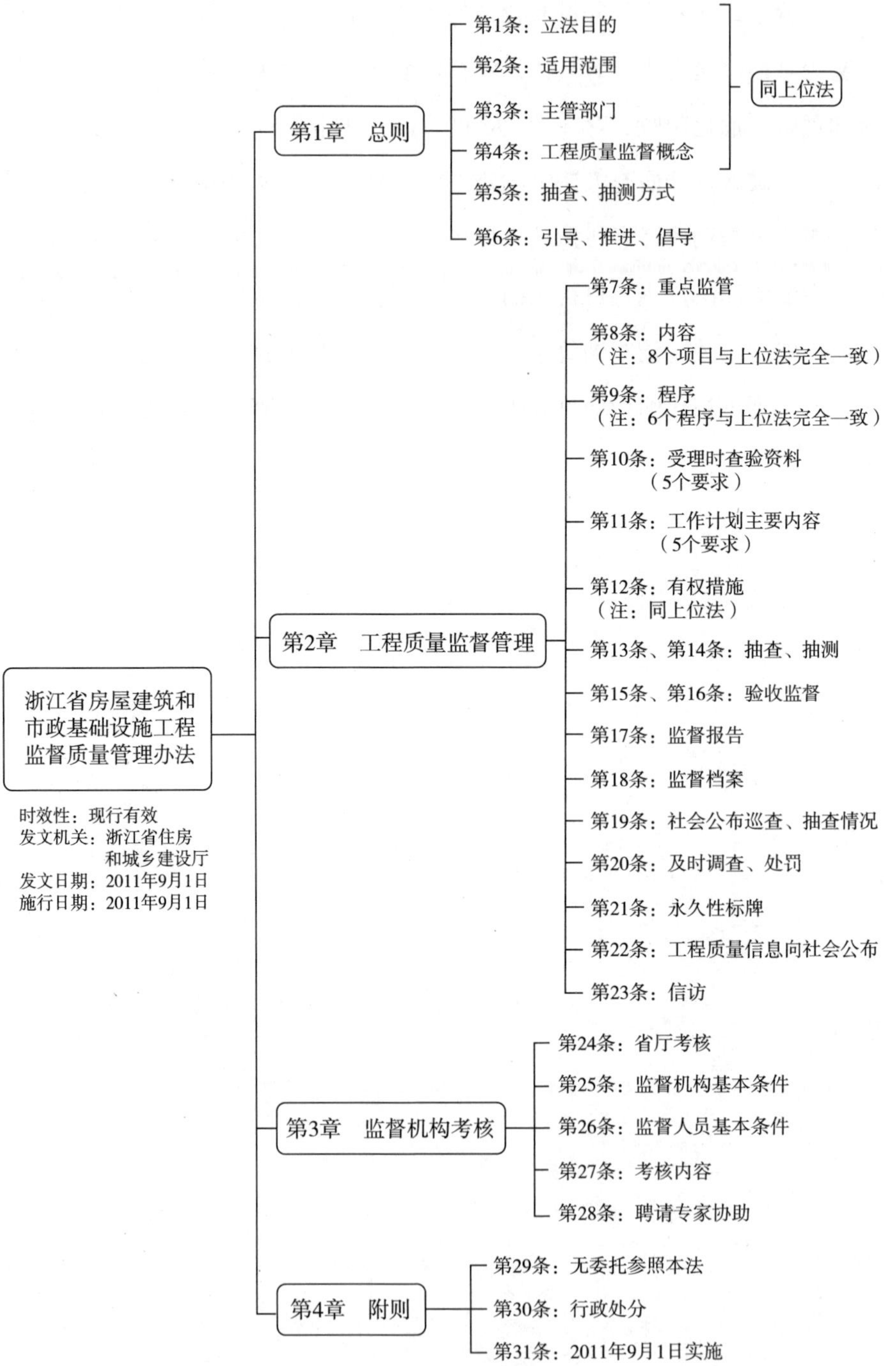

图 3－2　法条可视化分析对比

又如，在实务调研中，对承担具体监督管理职能的杭州市质量监督总站制定的24份管理制度进行归类总结，分别为【一般流程】【监督方法类】【专项监督类】【工作程序类】【查处方法类】【内部行政管理类】。课题组之所以做这样的归类，其目的在于使监管制度系统化，并对立法的章节设置提供内在逻辑性参考（见图3－3）。

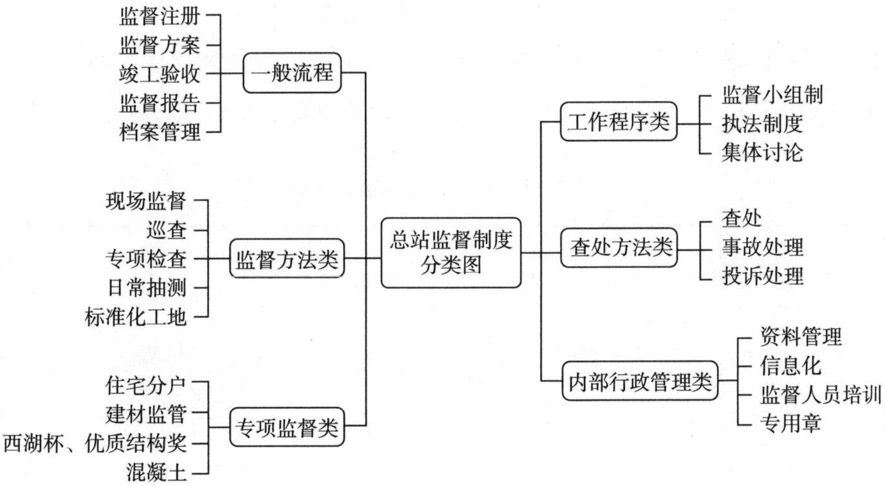

图3－3　监管制度归类总结

如何“熬制”研究成果

用“熬制”这个词语形容研究成果的萃取和书写，再恰当不过了。前期对立法现状的研究和对实务现状的调查是一个“input”的过程，虽然内容庞大，但只要肯花时间下足功夫，多半能够消化吸收完成。真正高难度或者核心技术阶段在于后期研究成果的“output”，这是一个复杂的脑力劳动过程，体现了研究者对课题的理解深度、法律技能运用及经验的综合实力。提供几种方式供借鉴参考：

（一）设计立法评估参考指标

这是非常行之有效的方法之一，通过这种方法，前期调研的内容将被分类吸纳到各个指标体系中，使后期研究工作系统化、条理化。这也是完成前期立法调研工作后转而成果撰写阶段的第一步。

通过对立法实施的基本情况、执行情况、社会效益或经济效益、执法体制或者机制等的调查，从立法质量、立法实施过程以及立法的绩效三个方面设计指标，并结合定量分析和定性分析的结果，量化评估结论。

表 3－4　立法后评估指标体系

<table>
<tr><th>立法后评估</th><th>评估标准</th><th colspan="2">评估指标</th></tr>
<tr><td rowspan="10">立法质量评估</td><td rowspan="5">合法性标准</td><td rowspan="4">形式合法性</td><td>立法主体</td></tr>
<tr><td>立法内容</td></tr>
<tr><td>立法权限</td></tr>
<tr><td>立法程序</td></tr>
<tr><td>实质合法性</td><td>受众内心服从性</td></tr>
<tr><td rowspan="2">合目的性标准</td><td colspan="2">目标内容</td></tr>
<tr><td colspan="2">目标可行性</td></tr>
<tr><td rowspan="3">技术性标准</td><td colspan="2">法律法规的协调性</td></tr>
<tr><td colspan="2">法律法规的完备性</td></tr>
<tr><td colspan="2">法律法规的可操作性</td></tr>
<tr><td rowspan="3">实施过程评估</td><td rowspan="3">执行力标准</td><td colspan="2">法律法规实施主体的能力</td></tr>
<tr><td colspan="2">公众守法状况</td></tr>
<tr><td colspan="2">法律实施的监督机制</td></tr>
</table>

续表

立法后评估	评估标准	评估指标
实施绩效评估	效率标准	技术效率
		经济效率
	效能标准	法律法规执行的实际效果
		法律法规执行效果的充分性
	公平标准	是否平衡各方利益
	适当性标准	比例原则的适用

（二）对比分析法的运用

对比分析法是课题研究中运用得最多的一种方法。通过对比可以纵向横向地进行上下位立法及平行立法内容上的查漏补缺。功效是参照借鉴，取长补短、披沙拣金。

在具体方式上，大量地使用图示的方式，效果更为直观。以对《杭州市机动车停车场（库）建设和管理办法》立法评估为例，通过文件检索，共收集了 23 个国内其他城市停车场建设和管理的相关立法，课题组一方面将宁波与厦门两个城市停车场建设和管理的条例与《杭州市机动车停车场（库）建设和管理办法》进行条文对比分析，取其精华；另一方面对 5 个典型城市可借鉴经验进行汇总（见表 3 -5）：

表 3-5　杭州 vs. 宁波 vs. 厦门

杭州		宁波		厦门	
条款	内容	条款	内容	条款	内容
杭州市机动车停车场(库)建设和管理办法		宁波市停车场规划建设和管理条例		厦门经济特区机动车停车场管理条例	
§1	为促进本市机动车停车场(库)规划、建设,规范停车场(库)管理,满足停车需求,改善交通状况,保障城市交通协调发展,根据《中华人民共和国道路交通安全法》、《中华人民共和国城乡规划法》、《浙江省实施〈中华人民共和国道路交通安全法〉办法》等法律、法规的规定,结合本市实际,制定本办法。	§1	为了加强停车场的规划、建设和管理,改善停车状况,保障交通有序、安全和畅通,根据有关法律、法律的规定,结合本市实际,制定本条例。	§1	为了规范机动车停车场的规划、建设和使用,改善停车状况,提升城市交通管理水平,遵循有关法律、行政法规的基本原则,结合本经济特区实际,制定本条例。
§2	杭州市市区范围内机动车停车场(库)的规划、建设、使用及其相关管理活动适用本办法。	§2.1	本条例适用于本市行政区域内城市和镇规划区停车场的规划、建设和管理。		
§3	本办法所称机动车停车场(库)(以下简称停车场),是指供机动车停放的各种露天或室内场所。	§2.2	本条例所称停车场,是指供各类机动车和非机动车停放的露天或者室内场所。	§2.1	本条例所称机动车停车场(以下简称停车场),是指供机动车停放的露天或者室内场所。

续表

杭州		宁波		厦门	
条款	内容	条款	内容	条款	内容
杭州市机动车停车场(库)建设和管理办法		宁波市停车场规划建设和管理条例		厦门经济特区机动车停车场管理条例	
§4.1	本办法所称停车场包括公共停车场、专用停车场和道路停车泊位。	§2.3	停车场分为公共停车场和专用停车场。	§2.2	停车场分为公共停车场和专用停车场。
§4.2	本办法所称公共停车场,是指向社会开放,为不特定对象提供停车服务的停车场,包括单独建设的公共停车场和建筑工程超配套标准建设的公共停车场。		公共停车场,是指为社会车辆提供停车服务的场所,包括独立建设的公共停车场、建设工程配建公共停车场和道路停车泊位等。		公共停车场,是指为社会车辆提供停车服务的场所,包括单独建设的公共停车场、建设项目配建的公共停车场和依法在城市道路范围内统一施划的临时停车泊位。
§4.3	本办法所称专用停车场,是指为特定对象或特定范围的对象提供停车服务的停车场,包括公共建筑和住宅配建的专用停车场,以及物业管理区域内利用业主共有的道路或其他场地设置的停车泊位。		专用停车场,是指为本单位、本居住区车辆提供停车服务的场所,包括建设工程配建专用停车场、建筑区划内共有部位施划的停车泊位。		专用停车场,是指为特定对象或者特定范围的对象提供停车服务的场所,包括建设项目配建的专用停车场、建筑区划内共有部位施划的停车位等。
§4.4	本办法所称道路停车泊位,是指在城市道路上依法设置的机动车停车场所,包括免费停车泊位和收费停车泊位。		无		无

续表

杭州		宁波		厦门	
条款	内容	条款	内容	条款	内容
杭州市机动车停车场(库)建设和管理办法		宁波市停车场规划建设和管理条例		厦门经济特区机动车停车场管理条例	
无		§3	停车场的规划、建设和管理应当遵循政府主导、统筹规划、配套建设、有效管理、方便群众和谁投资、谁受益的原则。	§3	停车场的规划、建设和使用应当遵循统筹规划、配套建设、有效管理和方便使用的原则,引导机动车有序停放、提高停车场使用效率。
§5.1	市人民政府应当加强对停车场建设和管理工作的统一领导,建立停车场建设和管理综合协调机构。	§4	市和县(市)区人民政府应当建立停车场规划、建设和管理的协调机制,决定工作中的重大问题,督促有关部门做好相关工作。	§4	市、区人民政府应当建立停车场规划、建设和使用的协调机制。研究、解决停车场管理工作中的重大问题。
§5.2	市建设行政主管部门负责停车场建设和管理综合协调机构的日常工作和停车场建设的监督管理工作,并承担公共停车场建设活动的组织、协调、考核及有关监督管理工作。	§5.2	建设主管部门负责停车场的建设管理工作。	§5.1	市建设主管部门负责停车场的综合协调和监督管理工作。
无		无		§5.1	区人民政府指定的行政管理部门(以下称区停车场主管部门)按照规定职责负责本行政区域内停车场的管理工作。

（三）如何归纳重点难点问题

立法研究成果的重头戏是对重点、难点问题的解决分析。哪些才是重点、难点问题呢？闭门造车显然是行不通的，必须要来自于实践。有事实的基础，才能切实反映行政职能部门和行政相对人的诉求和呼声。因此，定性调查和定量调查双结合是比较科学的方式。

以对《杭州市机动车停车场（库）建设和管理办法》立法评估为例，定性问卷调查，系课题组在访谈同时向每个被访人员分发《职能部门座谈问卷》，就该办法的合理性、可操作性、落实情况等进行问卷评分调查，由各被访谈人员对该办法每个条款的实施情况进行打分并提出意见和建议。定量问卷调查，是指通过对驾驶员、市民等不特定的目标群体设计不同问卷，在公共场所进行问卷调查，听取意见和建议。最后，根据定量问卷调查材料及分析结果，形成单项评估报告。

表 3－6　该办法条款调查评分

条款	合理性	可操作性	落实情况	条款	合理性	可操作性	落实情况
一	4.83	4.61	4.35	二十	4.83	4.48	4.28
二	4.83	4.65	4.32	二十一	4.78	4.41	4.26
三	4.83	4.57	4.30	二十二	4.78	4.63	4.52
四	4.70	4.30	4.22	二十三	4.83	4.54	4.50
五	4.83	4.52	4.14	二十四	4.83	4.61	4.72
六	4.83	4.61	4.26	二十五	4.91	4.78	4.46
七	4.96	4.83	4.61	二十六	5.00	4.83	4.72
八	4.83	4.65	4.52	二十七	4.87	4.65	4.49
九	4.74	4.13	4.04	二十八	4.83	4.74	4.48
十	4.83	4.83	4.78	二十九	4.83	4.57	4.41
十一	4.91	4.67	4.65	三十	4.70	4.57	4.39
十二	4.87	4.72	4.61	三十一	4.65	4.48	4.48

注：评价为 5 分制打分原则，5 分即为满分。

结　　语

卢梭在《社会契约论》中说："立法权是国家的心脏，行政权则是国家的大脑，大脑指使各个部分运动起来。大脑可能陷于麻痹，而人依然活着。一个人可以麻木不仁地活动；但是一旦心脏停止了它的机能，则任何动物马上就会死掉。"立法课题研究这个领域对于律师来说大有可为。

破产案件办理之道

茅玮民[1]

1 茅玮民，权益合伙人，浙江省律师协会国际投资与“一带一路”专业委员会副主任，欧美同学会浙江分会理事，mwm@ zjblf. com

《企业破产法（试行）》施行于1988年，在我国的民商立法体系中不可谓不早。但由于各地政府对破产的负面刻板印象、地方经济形象的考虑以及配套措施的不完善等原因，破产案件的受理数量一直处于低位。随着我国经济由高速增长阶段转向高质量发展阶段，在供给侧结构性改革过程中必然需要实现资源的有效配置。为了配合中央“加速僵尸企业出清”的政策，同时也为了改善我国营商环境的国际评价，各级法院都明显加大了对破产案件的关注力度，破产案件一时间成为法律实务界和司法领域热门的话题之一。

然而，相对于传统的民商事案件、刑事案件及行政案件，破产案件作为非诉案件与诉讼案件的复合体，具有其自身独有的特点，在价值取向、程序规范以及实体规范等方面都有明显的不同。医者在开出处方之前，需要望闻问切，对病患本身需要掌握其特性及所处阶段等。笔者拟根据多年来所办理的破产案件的经验得失，比较分析破产案件与传统的诉讼案件、非诉案件的不同之处，交流破产案件的办案之道。

破产案件与传统民商事诉讼案件的不同之处

（一）监督主体多样化

在传统的民商事诉讼结构中，往往是原告、被告与审判庭之间构成三角关系。在整个诉讼过程中，各方当事人主要面向审判庭，享有并承担诉讼法所规定的权利和义务。而律师作为代理人，其代理行为的合法合规性也主要由审判庭进行判断并规范。因此律师相对可以洒脱和独立地从事诉讼代理行为。

然而，在破产程序中，律师（包括会计师等中介机构）作为管理人首先要接受全体债权人及债权人委员会的监督，其次需要接受破产法院的指导，然后在具体的债务人企业接管中与税务机关、行业主管部门进行沟通并接受其管理。因此，从某种角度来说，管理人需要具备优秀的沟通技巧，投入大量的沟通成本，并且必须平衡各方监督主体之间的合规要求或利益诉求。

笔者在多年的管理人履职工作中，常常感到管理人头上有多个“婆婆”监管，正如以前的相声“一仆多主”一样，做得好就是“长袖善舞、八面玲珑”，做得不好就是“姥姥不疼，舅舅不爱”。

（二）面对的“客户”众多，维稳压力大

与第一个特点类似的是，律师在破产程序中需要向全体债权人负责，必须兼顾全体债权人的利益公平性，这与传统诉讼中律师的定位有相当大的差别。作为一方当事人的诉讼律师，其主要职责是在合法范围内尽其所能追求客户利益最大化。

然而，破产管理人却与此不同，我们需要秉持的首要价值观是“公平、公正”，尤其在债权审查和清偿分配过程中，管理人类似于独立居中的审判庭及执行法官，需要根据《企业破产法》的规定，在众多债权人之间确认其债权顺位的优劣，考虑对部分债权人是否可以预先受偿，判断何种费用可以列入共益债务和破产费用。总之需要管理人合法合规，大公无私。正因如此，管理人往往也面临巨大的“道德风险”。笔者在办案过程中，也曾遇到过许多债权人来打招呼，希望管理人对其“高抬贵手”，甚至委婉地表达与管理人进行利益交换，从而牟取私利。如果管理人不能立稳脚跟，坚持原则，那就会面临高昂的履职风险，甚至导致自身承担相应

的刑事责任。

（三）案件中法律关系复杂，办理周期漫长

我们通常处理的传统民商事诉讼案件，从一审到二审乃至再审程序，快则数月，慢则 1 至 2 年，当然也不排除个别长达十年以上的极端事例。但总体来说，诉讼程序针对的案由和争议焦点是有限的，因此处理起来不会耗时过长。而破产程序则不然。管理人需要对债务人企业查清资产债务、与众多相关法院办理执行程序的中止及资产的划转、保障广大债权人的申报权、知情权和审查权等以及最终处置破产财产并进行分配。在破产程序中要处理的法律性事务以及非法律性业务纷繁复杂，所牵涉的法律关系少则十多个，多则上百个，都需要管理人如“抽丝剥茧”般一一化解。尤其遇到某些建设工程类企业的破产案件，可能还涉及烂尾工程的复工续建、审价结算以及交付后的质量保证协议的履行等，破产程序往往至少需要 1 至 2 年，而多数破产案件需要 2 至 5 年来完结。

在繁复长期的破产案件办案过程中，管理人可能会遇到法律政策的修订变化、审判法官及团队成员的人事变动、资料档案的遗失、案件事实的记忆混乱、市场行情变动带来的资产价值波动等多个不可预测的因素。面对这样复杂多变的办案环境，管理人所承受的压力和风险是极高的。

（四）当事人（债务人）不配合，信息来源少，难以复原案件事实

在民商事诉讼中，律师作为当事人充分信任的代理人，自然可以从当事人处获取有关案件的充分信息和资料等，这也是律师委托合同中委托人所负有的信息披露和资料提供义务。此外，《民事诉讼法》也规定了相对完善的证据交换、司法鉴定等当事人的权利义务。因此律师在办案过程中，对于当事人未披露的事实或拒绝提供的资料等，都可以有相应的免责

条款或制约手段。

但是，在破产程序中，管理人所面对的主体和组织包括债务人及其实际控制人、债权人和法院等。而债务人往往已经停业多年，实际控制人或避而不见，或推诿阻挠，或消极应对。此外，实际的知情职员、高管也多半已经离职或无法联系。因此管理人从接管企业开始，往往就面临严重的信息不足、资料缺失等困难。笔者在处理的多起破产案件中，只能接管到企业的公章和营业执照，而缺少完整的债权人信息、财务账册凭证，遑论合同文本、项目施工资料等。面对这样先天不足的办案条件，管理人只能担负起“私家侦探”的角色，需要充分发挥主观能动性，像公安民警破案一样，多方寻找案件的线索和资产信息。当管理人处置不慎或者未充分履职时，极有可能导致破产财产的价值不当贬损或非法转移灭失，会面临严重的履职风险。

（五）对管理人的专业素质要求高（涉及企业管理、财会、税收、专业资质）

正所谓术业有专攻，作为法律职业共同体的律师职业，其专业知识背景往往集中于法律法规及相关司法判例等理论及实务领域。这一般足以应付传统民商事诉讼的案件类型。但是破产案件作为非诉案件的典型之一，往往涉及债务人企业的存续经营、财务资料的保管和审查、税收征管及缴纳义务的履行、企业员工的留用及管理、企业无形资产和资质的维护及管理、建设工程的施工审价等多方面的专业实务。因此需要管理人具有法律、企业管理、财会、税收甚至建设工程和专利事务等复合型知识储备。尽管律师可以与会计师组成联合管理人，或者外聘专业人员从事相关专业工作，但律师作为管理人的主体及破产案件的“执行导演”，身兼数职的现象屡见不鲜，且必须具有基础的知识结构才能与相关监管部门、中介机构进行有效的交流对接。

在这几年的管理人从业过程中，笔者深深体会到专业素质的提升和多样化是管理人做好履职工作的重要抓手。例如，在专业的建设工程类企业破产案件中，管理人往往需要与发包人、分包人、实际施工人等谈判有关工程的事宜，如果对建筑行业中司空见惯的“管理费”“工程资料”“竣工验收备案”等不能做到心中有数，管理人的履职势必会遇到重重阻碍。

以上几个特点，尚不能完整概括笔者所感悟到的破产案件与传统民商事诉讼案件之间的区别，仅仅是数年破产管理人履职过程中感受最深的几个特征和侧面。如果简单地概括破产案件的特征，可以归纳为：参与主体繁多、法律关系错综、办案周期漫长、价值诉求多样、专业要求复合。

破产案件办理之道

鉴于破产案件有上述一些不同于传统民商事诉讼案件的自身特点，笔者在管理人履职过程中总结归纳出了几点对症下药的办案之道。

（一）严守程序规范，避免自身履职风险

在管理人的履职过程中，我们经常听到“履职要求”“职责所在”等说法。律师要成为一名合格的管理人，首先需要熟悉《企业破产法》、最高人民法院有关破产审判的数个司法解释、“九民纪要”中的破产篇以及传统的民商法相关法律规范。此外，所在省市的法院和管理人协会所发布的管理人履职规范指引也必须了如指掌。管理人首先要依法办事，严格遵守上述法律规范中的程序要求，例如，已知债权人通知义务、债权审查及告知、债权人会议通知及召开、异议处理、资产管理及变价程序、债权清

偿分配等都必须做到“有法必依、有据可查”。这既是管理人合法履职维护债权人利益的必要手段，也是管理人自我保护规避履职风险的重要法宝。

（二）对债权人的诉求要不卑不亢，有“理”有节又充满温情

在办案过程中，管理人经常要与大量债权人进行接触和交涉。债权人由于其自身的利益诉求，往往有情绪急躁、对案件处理预期过高（个别时候也有预期过低的情况）、对管理人工作不理解、企图通过集体行动对管理人和法院施压等行为特点。在与债权人沟通过程中，管理人需要做到“不卑不亢、有礼有节、坚持原则、适度灵活”等原则。在接待债权人多人聚集或集体来访时，管理人要主导谈话进程，要具备“我们是专业人士，对案件的了解程度更高”的自信，并且具备“不怕事”的气势，与债权人进行礼貌但不作无原则让步的会谈。如果在办案过程中出现了妨害管理人正常办公甚至威胁管理人安全的过激行为，要坚决予以阻止或依法处置，通过报警、向法院汇报等手段维护管理人的合法权益。

此外，对于属于弱势群体的个别债权人，能够在法律允许的范围内给予适当照顾的，管理人也可以从满足社会效果的角度出发，向法院汇报以及债委会讨论后，作出一些灵活变通的处置方案。笔者所在的管理人团队在多个破产案件中，遇到数位生活极其困难的破产企业离职员工或工伤职工，我们都尽量本着救助弱者的原则，寻求法律规定中的相关救助性内容，给予带有温情的补偿，起到了良好的社会效果。

（三）快速确定总体思路，抓住时机确定重整

管理人面对错综复杂的破产案件，必须要有火眼金睛，切中要害，抓住案件中的主要矛盾。尤其在有可能转化为破产重整的案件中，从管理人

接管企业之时起，就要积极探索重整的可行性，通过与债务人、法院、大债权人的多方协调，力争在资产价值的高点进行快速处理。

在某房产公司破产案中，管理人从介入之初就把握住了房地产企业破产案件的要害之处，且通过耐心地背靠背面谈，对主要债权人和重整投资人的利益诉求进行了解，从而在短短的 100 天时间内就通过了破产重整方案，在债权人会议上高票得以通过。当然，案件能够取得成功，也离不开管理人、负责人在多起案件中所积累的丰富经验和敏锐感觉。管理人要带着灵敏的商业嗅觉，并时刻洞察市场大环境的变化规律，审时度势，尽可能在市场形势良好的时机下，对破产财产进行快速处置变价。

（四）完善自身知识结构，满足不同行业的履职需要

由于对破产案件的履职过程从某种程度上类似于企业经营层对企业的管理，往往需要企业管理和财税方面的综合性知识储备。管理人必须打破律师只需要熟读法律即可的陈旧观念，积极学习企业管理、财务、税收、资产评估、建设工程管理、人力资源管理等专业领域的理论知识和实务操作。建议管理人内部也招收具有复合型知识结构的人才，鼓励律师取得各类专业资质。同时，律师事务所也应当与其他专业中介机构建立良好的合作关系和互惠机制，尽可能以联合管理人的模式去竞争复杂疑难的大型破产案件，达到良好的办案效果。

（五）立定脚跟，严防道德风险

正如前文所述，管理人在处理破产财产的变价以及债权申报认定和核查过程中，有时相当于法庭，具有相当大的自由裁量权和自由管理权。管理人要确保自身既要接受监管主体的监督，及时向法院、债委会进行汇报和请示，也要坚守律师的职业伦理道理，爱惜自身的羽毛，严防个别当事

人在破产办案过程中腐蚀管理人的企图。笔者曾经遇到多个债权人甚至债务人的实际控制人私下许诺给予不当利益的情况。管理人作为法律授权的中介机构，背负着法院的嘱托和广大债权人的信任，就一定要立稳脚跟，清楚分辨履职行为的合法报酬与非法利益的界线，不能越雷池一步。

至于如何防止道德风险的发生，笔者认为，管理人内部需要建立严格的内控机制，尽量做到会谈接待有两名以上律师参与、财务账户做到分层审核授权、财务开支设置审批程序、履职档案文件及时归档保存等。只有具备了严格的制度管控，管理人才能够尽可能避免道德风险的发生。

此文是基于笔者近年来对破产案件办理的经验教训而总结的一些粗浅见解，尚不能涵盖复杂精深的破产案件之全貌，只能以此抛砖引玉，希望通过总结管理人工作的经验，以求提升管理人办案的能力。

非诉讼项目办理之道

何　伟[1]

[1] 何　伟，律师，杭州市律师协会民事专业委员会秘书，hewei@ zjblf. com

法律服务行业现已处于一个非常精细化、专业化的发展阶段。律师事务所提供的法律服务范围也不仅仅局限于传统争议解决案件的代理，而且包括资本市场、投资并购、银行金融、房地产与建设工程、知识产权、跨境投资等各类非诉讼法律服务。诉讼法律服务主要是维护个案当事人的合法权益，而律师提供非诉讼法律服务，更多的则是帮助客户实现其商业上的目的，为客户合法合规运营保驾护航。具体而言，非诉讼法律服务与诉讼法律服务在价值导向、法律适用、服务方式、服务要求等方面均存在很大差异（见表 5 - 1）。

表 5 - 1　诉讼与非诉讼法律服务对比

	非诉讼法律服务	诉讼法律服务
价值导向	合法性与合规性	合法性
法律适用	除法律、行政法规，还需要适用部门规章、地方性法规、政策文件、行业自律规则、窗口指导意见等	主要依据法律、行政法规
服务方式	法律咨询、法律尽职调查、起草交易文件、出具法律意见、律师见证等	代理委托人参与诉讼活动（一审、二审、执行、再审等）
服务要求	为客户实现投资、融资、合规运营等商业目的	维护委托人的合法权益和社会的公平正义

基于上述区别，律师办理非诉讼法律服务项目的方式方法也与诉讼法律服务的方式方法存在很大不同。笔者总结了办理非诉法律服务项目的五点心得，供同行交流参考。

精耕细作、了解行业是非诉律师专业化的必然要求

从某种意义上讲，非诉讼法律服务比诉讼法律服务的“专业性”更强，这并不是指诉讼法律服务不需要专业，而是指非诉讼法律服务的“专”更加精深甚至具有一定的“狭窄性”，这是经济不断发展、行业逐渐细分、商业模式日趋复杂对律师行业产生的影响。这就要求非诉律师精耕细作，只有对某一领域的非诉讼法律服务有足够多的经验积累，才能在相应的专业领域赢得客户的信任。

专业的另一层含义是要了解行业。非诉律师不仅要了解法律，还需要了解某一行业客户具体的商业运作模式，这样才能更有针对性地为客户提供法律服务，这是由客户专业化推动的法律专业化。例如，私募股权投资或风险投资法律服务领域，不仅需要律师了解私募基金与股权投资的相关法律法规，其已经发展到：专门投资医药领域的私募股权投资或风险投资公司，会要求律师具备医药相关法律服务经验；专门投资教育企业的私募股权投资或风险投资公司，则需要律师对教育相关法律服务有相当的了解。因为只有足够专业化的律师，才能在代表私募股权投资或风险投资公司对被投项目公司进行法律尽职调查时，更加准确地判断被投项目公司的商业模式是否合法合规、资质是否齐全以及存在哪些法律风险等。另外，某一领域或行业的法律法规、监管政策是不断变化发展的，非诉律师必须实时跟进相应专业领域最新的法律法规与监管动态，这也“迫使”非诉律师不得不专业化，因为一个人的精力有限，是无法同时在多个领域精耕细作的。

跨团队合作为承办大型非诉讼项目提供保障

非诉讼法律服务涉及大量事务性工作，而且往往在法律服务提供的时效上具有很高的要求，即必须要满足现代社会客户快速进行商业交易的时间安排。因此，团队合作在提供非诉讼法律服务时变得必不可少。特别是一些较大型的非诉讼法律服务项目（如并购、首次公开募股等），仅凭一己之力几乎是不可能完成的。当然，不仅是非诉讼法律服务，诉讼法律服务乃至绝大多数职业，团队合作都极其重要，具备团队合作精神也已被视为现代职业人士的必备品质之一。

笔者更想谈的是，在承办某些重大、疑难、复杂非诉讼法律服务项目时，仅仅靠一个专业领域的律师团队可能也是不够的，因为这些项目可能涉及多个专业领域。以笔者参与承办的“H公司某重大疑难项目处置专项法律服务”为例，该项目的大致背景为：H公司在X县开发旅游综合体项目十余年，累计投入近30亿元；2018年，X县政府突然以环保整治为由要求H公司在2019年6月底前全面退出在X县的项目开发，并拆除核心区五星级酒店建筑；H公司则要求X县政府在H公司退出开发前对其进行全面补偿。该项目相关主体方多、法律关系复杂，涉及多个法律专业领域。例如，对于项目十余年的建设开发历程，涉及房地产与建设工程法律领域；对于X县政府的拆除行为，涉及行政法专业领域；对于十余年间各方签订的投资合作协议等交易文件，则属于民商法领域的内容。为此，本项目负责人决定采取跨团队合作的方式为H公司提供专业、高效的法律服务，从本所建筑房地产法律服务团队、行政法律服务团队、民商事法律服务团队共选取7名律师组成律师团队，并邀请本所首席合伙人胡祥甫律师担任顾问。实践证明，跨团队合作的服务方式在本项目前期法律尽职调查与赔偿路径分析、预防H公司非法拆除行为以及“一揽子”补偿协议的起草与谈判等环节均发挥了重要作用。每位律师发挥各自的专业特长，并在时间上互相补充，为客户提供了高质量、高效率的法律服务。

诉讼法律思维为非诉讼法律服务助力

尽管非诉讼法律服务与诉讼法律服务存在很大差异，但两者并非完全割裂的。相反，诉讼法律思维在提供非诉讼法律服务过程中亦不可或缺。

首先，诉讼法律思维能够帮助非诉律师判断项目交易结构能否得到司法上的认可。例如，在金融法律服务领域，论证资产管理产品的交易结构时，要使其满足合规要求，如果不合规，则该资产管理产品无法在相应监管部门完成备案，进而无法发行。但对于一些监管尚不明确或缺位的金融创新产品，则需要重点分析其交易结构的合法性，即一旦产生争议，该产品的交易结构是否会被认定为合法有效，以及会被认定为何种法律关系等，这都直接关系到该产品发行的初衷与目的能否得到实现。

其次，诉讼思维与能力在商业谈判中也十分重要。例如，在“H公司某重大疑难项目处置专项法律服务”项目中，律师团队不仅基于法律尽职调查情况提出了三大补偿（或赔偿）路径分析与建议，为H公司与X县政府谈判提供谈判筹码，还对现有交易文件进行了诉讼方面的分析，认为一旦谈判破裂，双方将进入极为复杂又漫长的诉讼程序，并分析诉讼可能面临的裁判结果，这为H公司的谈判提供了底线思维，并增强了双方坚持谈判的信念。另外，迫于完成政治任务的压力，无论双方是否达成补偿协议，X县政府均有可能在2019年6月底前强制拆除核心区五星级酒店。为此，律师团队准备了全面的行政诉讼预案，一旦 X 县政府启动非法拆除，我方将第一时间通过立案起诉等方式，预防 X 县政府的拆除行为，给对方施加压力。这些诉讼思维与手段，使律师团队在提供非诉讼法律服务时更加精准有效。

可视化技能在非诉讼项目中的应用

可视化技能在法律服务中的运用已日渐普及，如诉讼可视化，在展现复杂的法律关系、理顺案情发展大事记、说明复杂的案争商业交易模式或问题等方面，往往能够发挥事半功倍的效果。同理，可视化技能在非诉讼法律服务中亦大有可为。仍以“H 公司某重大疑难项目处置专项法律服务”项目为例，本项目中，团队律师在出具文字版法律尽职调查报告的基础上，还就项目土地流转、相关合同的更迭、法律法规的演变，以及在建项目建设历程与所受行政处罚情况制作了两张 A3 大小的可视化图表，以时间轴为基准，将各项事实一一对应，使本项目十余年开发过程中的重要事实与争议始末一目了然，极大方便了报告使用者，并给客户留下了深刻印象（见图 5 – 1 和图 5 – 2）。

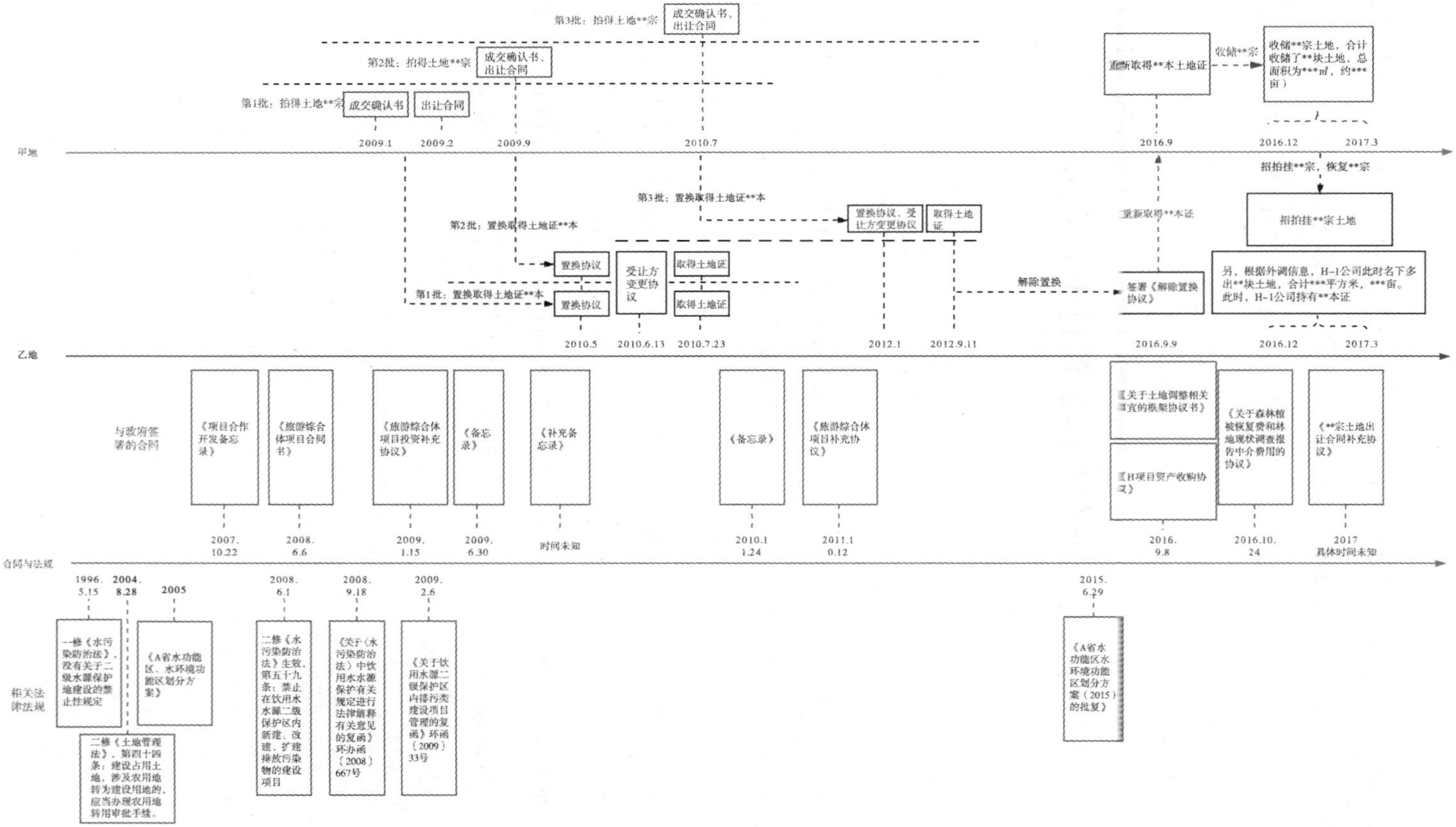

图5-1　土地流转、合同与法规

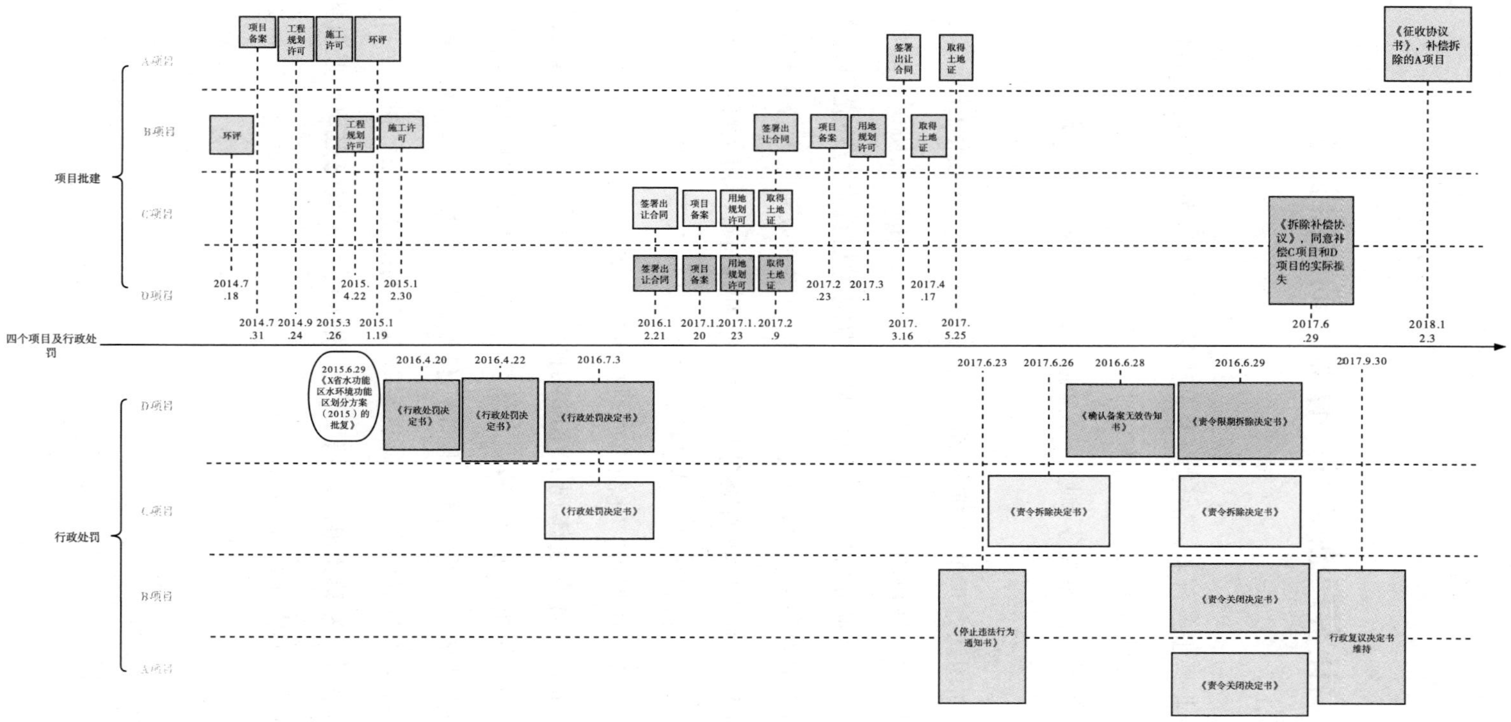

图5–2　在建项目与行政处罚

让客户感受到“有形”的法律服务

法律行业是服务行业，法律服务是一种无形的服务。如何让客户真实地感受到享受了法律服务并愿意为此服务支付费用，是每个律师都在探讨的命题。在非诉讼法律服务领域，不妨通过以下方式，化“无形”为“有形”。

笔者所在团队办理的“杭州 X 集团与 Y 国 Z 马戏表演团合作项目”专项法律服务中，项目团队律师共审核了 10 万余字的英文协议，起草了近 300 页的中文法律服务方案及咨询意见，拟定了近百页的补充协议草案。项目团队始终本着公平合理原则，尽力为 X 集团争取到最大合法权益、扭转 X 集团在与 Y 国 Z 马戏团谈判中的严重不利地位，尽可能降低其面临的法律风险。在本项目服务基本结束后，律师团队向 X 集团出具了近 700 页的专项法律服务工作报告，并制作成册提供给了 X 集团。这份沉甸甸的法律服务工作报告，直观地体现了律师团队在本项目中提供的全部法律服务，律师为项目付出的时间与精力跃然纸上。而对于 X 集团来说，这份法律服务工作报告既是一份记录，也是一份纪念（见图 5 - 3）。最终，律师团队的专业能力与勤勉的态度，赢得了 X 集团的高度信任，在本项目专项法律服务结束后，X 集团继续聘请了项目团队负责人崔海燕律师及其团队律师担任本项目的常年法律顾问。

金道律师事务所
BRIGHTEOUS LAW FIRM

杭州 · 宁波 · 杭州经济技术开发区 · 绍兴
Hangzhou Ningbo HEDA Shaoxing
www.zjblf.com

关于杭州 X 集团

与

Y 国 Z 马戏团

合作项目

专项法律服务工作报告

二〇一九年九月

金道律师事务所
BRIGHTEOUS LAW FIRM

杭州 · 宁波 · 杭州经济技术开发区 · 绍兴
Hangzhou Ningbo HEDA Shaoxing
www.zjblf.com

目录

中文法律服务方案 1
专项法律顾问合同 65
出具关于主体变更的中文法律咨询意见 70
审核修改中文补充协议 76
审核中英文三大协议 82
重大翻译问题梳理总结 396
会议备忘录 419
后续工作安排建议 432
出具关于主体变更的第二次中文法律咨询意见 434
审核修改中英文补充协议 440
审核修改中文《X 文创衍生品开发服务协议》 449
第一次谈判及谈判要点 464
起草修改三大协议的中英文补充协议 473
第二次谈判及谈判要点 522
审核修改中文《电商平台票务合作协议》 526
审核修改中文《<Q 演出>合作协议（国内专用）》 535
审核修改中文《景点包票协议》 542
审核修改中文《B 拍摄合同》 548
审核修改中英文付款协议 554
审核修改中英文补充协议（二） 561
审核修改中文《<Q 演出>合作协议》 572

图 5–3　专项法律服务工作报告封面及部分目录

第二部分

办案纪实·诉讼

网红游戏主播公然跳槽，天价解约金能否获支持

——一起直播平台与网红主播合同纠纷案办案纪实

王全明[1]　江　力[2]　王　杰[3]

[1] 王全明，主任，浙江省律师协会公司法专业委员会主任，全国律师行业创先争优先进个人，wqm@ zjblf. com

[2] 江　力，管理合伙人，浙江工商大学法律硕士实务导师，杭州市版权纠纷人民调解委员会调解员，jl@ zjblf. com

[3] 王　杰，律师，曾获第九届浙江省律师论坛一等奖，wj@ zjblf. com

近年来，网络直播行业高速发展。作为新兴行业，国内网络直播产业被广泛看好，大量资金持续流入，直播行业的火热可谓现象级。而直播业的繁荣背后却隐含着准入门槛低、市场泛滥、不尊重法律和契约、诚信缺失等诸多乱象，由此也导致知名主播违约跳槽现象频发，几乎成为行业一“景”。本案就是在这一背景下的一起网红主播违约跳槽最终面临高额违约金索赔的典型案例，仅就解约金这一项诉讼请求金额就高达2000万元。

本所王全明、江力律师在接受直播平台的委托后，组成专业律师团队，细致整理研究案件证据材料，全面挖掘有利于委托人的法规、判例及理论，经过近一年的诉讼，一审法院最终判决被告张某承担违约金达1300万元，远超过法定的违约金比例，也超出了委托人的预期。

案件背景：利益面前契约精神的缺位

2014年开始，BF公司就与被告张某开始在游戏直播领域合作，双方签有游戏主播合作协议，张某作为BF公司旗下ZQ－TV直播平台独家签约主播，BF公司花费大量人力、物力对张某进行扶植栽培。后ZQ公司ZQ－TV直播平台从BF公司业务剥离独立经营，成立ZQ公司。2018年2月和张某签订《独家合作协议》，继续通过ZQ－TV直播平台进行独家合作。《独家合作协议》除了约定高额合作费外，还约定擅自解除《独家合作协议》，张某应承担一次性支付解约金2000万元人民币、返还ZQ公司全部合作费用等的违约责任。

2018年9月1日，张某违反《独家合作协议》约定，单方面停止在

ZQ－TV 直播平台上的直播活动，公然宣布加入与 ZQ 公司有竞争业务的第三方平台 HY 平台。ZQ 公司随即停止发放当月的合作费，并多次函告张某停止在其他平台进行直播，继续履行双方协议的约定，重返 ZQ－TV 直播平台进行直播。据 ZQ 公司自行了解的信息，张某在第三方平台得到了更为优渥的待遇以及可能代为支付违约金的承诺，因此有恃无恐，罔顾契约精神，单方面擅自停播且一直拒绝纠正违约行为。ZQ 公司无奈委托金道所律师提起诉讼。

诉前准备：舆论战＋对第三方平台的施压

张某在跳槽至第三方平台后，通过粉丝 QQ 群、微博等渠道宣称 ZQ 公司拖欠其费用，虚构事实试图误导粉丝，并否定了 ZQ 公司及 BF 公司对其多年的扶持和帮助，尝试营造出一种“被迫解约”的舆论环境。对此，作为 ZQ 公司的代理律师，一方面建议其保全张某在粉丝 QQ 群、微博等留下的证据，在舆论宣传上积极应对；另一方面抓紧准备诉讼策略，确定了对张某主张违约、对第三方平台主张不正当竞争侵权的“双管齐下”的诉讼方案，以期实现“围魏救赵”的战略目的，在最短时间内达到最佳效果。

在确定上述方案后，代理律师立即起草律师函并函告张某，要求其“立即停止在其他平台的直播行为，继续履行与委托人的《独家合作协议》，视情况决定是否追究违约行为”。同时，代理律师也给第三方平台发函，告知“ZQ 公司与张某的《独家合作协议》并未依法解除，若张某强行解除协议，依约定将赔偿 2000 万元违约金”的情况，并告知若在接到函件后仍然为张某提供直播支持，ZQ 公司将以不正当竞争侵权为由依法维权。

第三方平台在收到函件后没多久，就主动与张某解除了合作，我方的初步目标得以实现。但此时张某并未善罢甘休，仍不愿回到 ZQ 公司的平台复播，一场诉讼已不可避免。

针锋相对：违约认定与高额违约金的合理性

案件起诉至法院后，ZQ 公司提出了两项诉讼请求：其一，要求确认张某单方面违约，擅自解除《独家合作协议》；其二，要求张某按合同约定支付解约金 2000 万元，返还合作费 900 余万元。对此张某提起了反诉，并称 ZQ 公司拖欠其两个月的合作费用和十余万元的宣传费用，已先行构成严重违约。代理律师针对张某的反诉提出了针锋相对的意见，认为在张某已发出解除《独家合作协议》的明确表示并作出了相应实际行动后，ZQ 公司暂停发放合作费的行为应属于依法行使先履行抗辩权。

针对 2000 万元解约金的合理性，代理律师更是从多个角度予以充分地论证：首先，约定高额解约金有特定背景及行业特殊性，流量是直播平台的生命，而主播是公司获取流量的核心资源，2000 万元解约金是当事人双方对流量价值的共同认识和确认；其次，张某对其违约行为给公司造成的巨大损失是明知的；最后，张某擅自违约的主观恶意明显，负面影响显著，不利于整个行业的有序发展，也有违诚实信用的基本法律原则和价值观。

为增强我方观点的说服力，代理律师还精心制作了包含 24 份证据、合计 183 页的证据清单；同时通过大数据检索，查询到多起主播因违约跳槽承担数百万元甚至数千万元违约金的生效判决，作为参考案例一并提交给法院。

一审胜诉：法院支持的违约金创浙江同类案新高

关于合同解除的问题，一审法院认为，只有享有解除权的当事人发出的解除通知才会发生合同解除的后果，本案中张某并不享有合同解除权，无法单方面解除《独家合作协议》；而ZQ公司以律师函的形式通知张某停止在其他平台的直播，否则解除《独家合作协议》，但张某在收到函件通知后仍继续违约行为，故一审法院认为ZQ公司主张解除合同的条件成就。关于违约金的问题，一审法院认为张某在《独家合作协议》中以手写方式特别声明“本人已经充分了解了全部合同条款，并确认所有合作调解都经双方充分协商确定，是本人的真实意思表示”，可见张某对于合同条款的内容是知晓并认可的，综合其每月收入及礼物分成，其收入与违约金的约定也基本相符，不存在明显加重张某义务的情形。最终，一审法院综合考虑了《独家合作协议》的履行情况、合作期限、约定的合作费用及各方履约中的过错程度等因素，酌定违约金金额为1300万元。这一金额高于司法解释规定的违约金比例，也远超出了委托人的预期，取得了较好的法律效果和社会效果。这一判决也创造了浙江省内网红主播与直播平台纠纷的违约金金额新高，在全国范围内也属于高额违约金得到支持的典型案例，代理思路值得同类案件借鉴。

直播行业的主播跳槽现象频发的原因显然是多方面的，既有行业竞争不规范、竞争对手恶意挖人的因素，也有网络主播年轻不成熟、法律素养整体偏低的因素。其中，网络主播缺乏契约精神是主要原因。“人无信不立”，在我国加快诚信社会建设的背景下，我们尊重主播合法跳槽，但必须在尊重契约的前提下。相信这一判决能给直播行业带来必要的警醒，劝诫网红主播不要被金钱、名气等迷惑心智，而是要讲诚信，树立契约精神，在法律的框架下，共同维护直播行业的健康有序发展。

办案启示

一、网络直播行业应注重契约精神

现如今，随着互联网直播行业的蓬勃发展，同时也伴随着大量的法律纠纷问题的产生。主播者个人也好，平台公司也罢，因背信弃约产生不必要的诉累，不仅会导致巨额违约金损失，也会影响主播者个人和平台的声誉，不利于整个直播行业有序发展。律师在办理相关案件中，应结合案件事实就诚信原则进行充分说理论证，以维护委托人的最大合法权益。

二、充分利用电子数据证据为办案工作服务

在类似的诉讼案件中，包括聊天记录截图、录音录像、后台数据等视听资料及电子数据证据扮演至关重要的作用。运用好这些电子数据，并以适当的方式呈现给法庭，可以有助于形成完备的证据链以支撑我们的代理观点。《最高人民法院关于民事诉讼证据的若干规定》已于2020年5月1日起实施，电子数据这种证据的整理与运用得到进一步规范，承办律师应熟练掌握，充分利用电子数据等证据，从而在诉讼中占据诉讼主动地位。

三、从个案到行业，注重积累网络直播相关纠纷的办案经验

通过本案诉讼，承办律师深入了解了网络直播行业的运营模式和运作机制。在本案中，直播平台和主播采用的是不具有劳动关系的合作机

制，并通过固定合作费、网络打赏分红、联系广告业务等方式进行合作及分红。同时还涉及直播平台对主播的推广机制、直播平台运营资质、直播经纪公司资质及作用等各个方面。通过本案诉讼代理，承办律师积累了网络直播行业的知识和经验，为今后服务类似企业或代理类似案件积累了丰富的经验。

千里之外助力工程款债权人

——南北跨省的某建设工程施工合同纠纷案办案纪实

王潭海[1]　方　正[2]

[1] 王潭海，管理合伙人，浙江省法学会财税法学研究会副会长，杭州仲裁委员会仲裁员，wth@ zjblf. com

[2] 方　正，律师，杭州市律师协会民事专业委员会秘书，fz@ zjblf. com

受命于危难之时，扶大厦于将倾之间

第十二届全国运动会于2013年8月底在辽宁省沈阳市奥体中心开幕，杭州A建筑装饰公司（以下简称A公司）承接了部分运动场馆配套设施的外墙保温及涂料施工工程。但建设方（即发包方）沈阳B建设公司（以下简称B公司）却以A公司所施工工程部分未通过消防验收等理由，拒付部分工程尾款及质保金，经A公司催讨未果。A公司因此向法院起诉。

该案一审开过两次庭前会议，已查明A公司施工的商业区和学校保温工程确实未通过消防验收的相关事实，该事实对A公司极为不利。

王律师接受委托后立即奔赴沈阳，与承办法官就案件相关事实进行沟通，并调取庭前会议记录等材料。嗣后，又找到沈阳当地律师合作办案。团队律师在重新归类整理了案涉13份施工合同、调取整理案涉期间的所有消防部门规章及相关文件，并按照效力层级和前后替代关系进行整理后，替A公司提交了规范的补充证据及目录。最终，一、二审法院支持了A公司的全部诉讼请求（判令B公司支付工程款约987万元、履约保证金约346万元及两者利息损失约254万元并赔偿A公司票据贴现损失约147万元），后该相关款项也已全部执行到位。

事实盘根错节，对症方能下药

综观全案，本案有以下五个疑难复杂之处：

1. 在本案已经过两次庭前会议（证据交换等），案件证据和事实对A

公司不利的情况下，A 公司解除了原代理人的委托转而委托王律师，本案的诉讼代理可谓“戴着镣铐跳舞”。而且，本案系异地办案，也给本案的代理增加了难度。

2. A 公司承接的案涉工程共涉及 13 份施工合同，每份合同项下的权利义务约定均不一样，工作量较大。

3. 施工合同及此前的庭前会议均认可 A 公司施工的学校和商业区工程确实未通过消防验收，B 公司以此抗辩主张委托第三方验收款应由 A 公司赔偿或从工程款中扣减，若该抗辩成立，即使法院支持了 A 公司的全部诉讼请求，B 公司实际上也无须承担任何付款义务。

4. 案涉 13 份施工合同并未具体约定逾期付款违约金及违约金比例或数额，本案逾期付款可能因违约金没有合同依据而难以得到法院支持，且逾期付款利息损失的计算因为各单项工程的完工、交付时间及工程款质保金支付时间均不一样，有些又缺乏相应的明确证据，因此如何计算逾期付款利息损失也是本案的焦点。

5. 本案施工合同对工程款支付形式并未明确约定，其他工程发包方也是以承兑汇票支付工程款的，案涉全运会项目曾有其他施工方起诉 B 公司要求赔偿汇票贴现损失，但未得到当地法院支持，本案票据贴现的损失得到支持的难度较大。

以下将围绕上述难点问题展开阐述分析。

聚力疑难争议焦点、锲而不舍力挽狂澜

（一）沟通合作是办案第一要务

鉴于本案是诉讼中途接受委托，王律师需在原有案件事实和证据的基础上，对原有诉讼策略进行有效调整，存在一定的难度。为此，王律师接受委托后立即赶赴沈阳，与承办法官进行了积极的沟通，了解法官对案情及相关法律问题的大致看法，在沟通谈话中了解法官对案情及其处理的大致倾向，并依此制定应对方案和诉讼策略。

民事诉讼中知己知彼非常重要。除了与承办法官沟通外，王律师又主动联系上B公司的代理律师，并与对方律师进行积极有效的沟通。与对方律师进行接触，可以初步了解其专业水准、个性、行事方式以及其对本案的观点和看法，特别是通过当面沟通掌握对方律师手头有哪些筹码，推敲其工作中可能存在的短板。鉴于本案审理法院在外地，由于地域、认知、司法环境等原因，法官的行事方式亦不一样，因此，王律师找到了在沈阳当地执业的其他律师一起合作办案，各司其职分工配合，为客户有效地降低了沟通成本和诉讼成本。

（二）对合同分门别类，便于案件审理

就案涉工程，A公司与B公司共签订13份施工合同，从两次庭前会议记录来看，施工合同未经整理，相当混乱，原告和被告所提交的证据及各自陈述对各施工合同均有不同的称谓，而且各份合同名称比较长。如果不先理顺13份合同并按一定逻辑关系分门别类，势必影响案件的正常审理。因此王律师按照工程实际进展的逻辑关系对13份合同予以分类，并依

次编号及标注对应的合同简称。这样做效果很好，一审、二审审理过程中，法官及双方当事人均是以合同1、合同2、合同3……称谓合同，连一审、二审判决书也是用合同1、合同2等简称指代案涉相关施工合同。王律师通过对案涉13份合同的分门别类，每一类合同项下的权利义务等约定条款更为清晰，也更方便统计计算欠付工程款金额及逾期付款利息损失，理顺了证据的逻辑，同时通过这样的整理掌握了主动权，使举证可以按照王律师既设的节奏和顺序进行。

该13份合同（分成三类）分类、合同编号和合同简称如下（见表7－1）：

表7－1　合同分类

第一类合同共7份，双方对结算金额、已付款、欠付款分歧不大甚至没有分歧，且对方B公司也认为合同履约保证金均符合返还条件。该7类合同如下：	
1	高层1标保温合同 合同全称：《沈阳某某项目高层住宅项目外墙外保温工程施工合同》
2－7	略
第二类合同共4份，双方对结算金额及已付款分歧不大，但B公司认为A公司应承担未通过消防验收的违约责任。该4份合同如下：	
8	学校及幼儿园保温合同 合同全称：《沈阳某某项目学校及幼儿园外墙外保温工程施工合同》
9－11	略
第三类合同共2份，B公司认为A公司没有提交竣工资料导致无法进行竣工结算，因此其认为A公司无权要求其支付剩余工程款。该2份合同如下：	
12	R18样板区保温合同 合同全称：《沈阳某某项目R18地块样板区外墙外保温工程施工合同》
13	略

（三）针对争议焦点提交补充证据

A公司起诉时所提交的证据基本未涉及消防验收问题，也无法证明消防验收未通过的责任到底应由哪方承担，但被告B公司在庭前会议提出A公司应对案涉4份施工合同项下工程未通过消防验收承担违约责任之抗辩，因此对该消防责任能否提交确凿有力的补充证据将直接影响本案的胜负。

王律师从案涉4份合同签约过程入手，并追溯至合同的要约承诺过程，亦即双方签约商谈过程中通过电子邮件等方式磋商的过程，以界定签约过程的每个节点消防部门规章及相关文件的存废立变化及对当事人签约的影响及注意义务。对于电子邮件往来，为了提高证据证明效力，王律师对相关网页进行了公证，对于消防部门规章及地方政府规章及规定，按效力逻辑及时间顺序提交相应的文件作为证据，并提交总包单位的施工图纸及验收图纸作为该消防问题的佐证。王律师将前述证据逻辑分类整理后，形成了一本有详细证据目录（内有每份证据的证据名称、来源、证据内容及要点、证明对象）的补充证据胶印本。由此，承办法官只要看证据目录就可知悉A公司所提交的证据要点及证明对象和意图。当然补充证据胶印本在形式上比之前原被告提交的证据更为美观规范，在承办法官、当事人及对方同行面前树立了规范专业之形象，也减轻了他们的阅卷压力。

（四）聚力消防验收焦点，拨开云雾见分晓

本案的主要争议焦点无疑是案涉4份施工合同项下的学校和商业区保湿涂料工程未通过消防验收的责任承担问题，如果责任在原告A公司，则原告的该部分工程诉请无法得到支持，且被告B公司为了该部分工程能通过消防验收而另行委托C公司施工而支付的1900万元工程款（真实工程款尚有待查实）极有可能要A公司承担。王律师通过对证据材料的整理和合同条款的剖析，并结合合同签订及履行时消防部门规章的沿革及效力更替，对被告B公司抗辩的A公司施工的学校和商业区保湿涂料工程未通过消防验收应由A公司承担的违约责任之观点和理由进行了全方面的驳斥：

1. B 公司已使用了案涉工程又提出质量不符合约定之抗辩不应得到支持。合同 8 和合同 9 名下的学校及幼儿园项目即为某某大学沈阳附属学校，该学校于 2014 年 9 月开学，学校及幼儿园项目已于 2014 年 9 月即实际投放使用；合同 10 和合同 11 项下的某某商业项目也早于 2014 年投入实际使用。即便上述工程未经竣工验收，根据《最高人民法院关于审理建设工程施工合同纠纷案件适用法律问题的解释》第 13 条之规定（建设工程未经竣工验收，发包人擅自使用后，又以使用部分质量不符合约定为由主张权利的，不予支持），B 公司将上述工程实际投入使用后又提出所谓的质量问题法律依据不足。

2. 案涉某某商业项目和学校幼儿园项目已经验收合格。B 公司工程管理部盖章确认并经工程负责人签字确认的《工程施工质量验收记录》（验收时间 2014 年 1 月 16 日）已经明确确认“某某商业地块外墙涂料工程依据外墙涂料技术方案施工，已完成并进入验收工作，经相关部门验收合格”。也即 B 公司已经明确确认 A 公司施工的阶段工程符合合同该约定，验收合格。

3. A 公司在合同签订和履行过程中合法合规也没有任何过错。消防未通过验收之原因不属本案合同争议的审理范畴，而是案外其他原因，A 公司不应承担任何消防未通过的违约责任。首先，案涉 4 个合同附件材料清单之聚苯板和挤塑板均明确规定为 B1 级，假使合同约定应使用 A 级材料，那合同价款必然应当变更，原告因此只能严格履行合同（即用 B1 级保温材料），如果 A 公司擅自变更材料反而会导致 A 公司违约。使用 A 级的材料通过消防验收没有问题，但是通过节能验收就会存在很大的困难，当时市场上基本没有能够保证通过节能验收的 A 级材料。其次，案涉工程总包单位某某省建工集团和设计单位某某建筑设计有限公司共同签单确认的“节能设计专篇”之图纸亦明确要求外墙保温材料选用燃烧性能为 B1 级经济塑胶聚苯板，且该设计图纸通过官方审核通过。最重要的是，案涉合同签订时所适用的标准是公通字〔2009〕46 号文件，合同附件约定保温材料为 B1 级符合当时的消防管理规定，且按照这个规定是可以通过消防验收的。随着科技经济的发展，相关标准出现了变更，以致本能通过消防验收的 B1 级材料在起诉时不达标准，这一责任不应由原告方承担。最后，其他 11 份合同与 B 公司抗辩未通过消防验收的 4 份合同关于保温材料及消防验收条款的约定都是一样的，A 公司也是同样履行合同的，其他 11 份合同均通过消防验收，唯独 4 份合同未通过，可见未通过消防验收的责任不是本案所审理的合同约定或合同履行的原因，而是另有原因。

最终，一审法院支持了 A 公司观点，认定学校和商业区消防验收未通过之责任不在 A 公司，A 公司无须对此承担违约责任，B 公司应按约定支付该部分工程款、质保金及逾期付款利息损失。

（五）逾期付款利息损失的计算标准及金额

本案另一棘手的问题在于，案涉每一份合同都涉及工程款的应付时间点，该问题直接影响逾期付款利息损失额的计算，数据的精准计算对保护施工方权益尤为重要和关键。

首先，王律师明确了本案中逾期付款利息损失的计算标准：

1. 逾期付款利息损失的计算起止时间至关重要。合同有约定的，按照约定的工程款支付时间，其中质保金从该合同项下工程保修期满的次日开始计算，均暂计算到 A 公司起诉之日止。如工程款支付约定不明确或工程已提前使用的，则按《最高人民法院关于审理建设工程施工合同纠纷案件适用法律问题的解释》第 18 条的规定，利息从应付工程价款之日计付。如建设工程已实际交付的，交付之日为工程款应付之日。

2. 逾期付款利息损失的计算标准则应根据《最高人民法院关于审理建

设工程施工合同纠纷案件适用法律问题的解释》第 17 条的规定，当事人对欠付工程价款利息计付标准没有约定的，按照中国人民银行发布的同期同类贷款利息计算。又根据本案的所跨年度，根据中国人民银行 1 ~ 3 年期同期贷款基准利率，以应付款所对应的计算日期分段计算。

其次，王律师针对案涉 13 份合同，对每一份合同的欠付工程款数额（包括应退质保金）和逾期付款利息损失数额进行了详尽的计算，在此充分发挥了专业所长，提交了一份长达 12 页的统计和计算清单作为辅佐性材料。

一审法院在 A 公司提交的逾期付款利息损失清单的基础上，根据法庭审理查明的事实作了微调，基本上全部支持了 A 公司要求赔偿逾期付款利息损失之请求。

（六）争取汇票贴现损失赔偿，为本案胜诉锦上添花

针对汇票贴现损失这一问题，A 公司认为 B 公司擅自以承兑汇票方式支付工程款的行为构成违约，故 A 公司所兑取汇票产生的贴息应由 B 公司承担。为此，王律师提出了以下主张：

首先，发包人 B 公司使用未到期的远期承兑汇票进行支付。B 公司向 A 公司交付汇票之日即为应付工程进度款之日，作为承包人的 A 公司取得汇票后却不能马上取得现金，而是需要向银行或社会上的中介支付一笔贴息后才能取得汇票所载明的款项。在此情况下，该笔贴息款相当于 B 公司逾期支付工程款造成的承包人损失，理应由 B 公司承担。

其次，采用承兑汇票付款并非合同约定的付款方式，B 公司擅自使用承兑汇票进行付款，是对合同的不完全履行。《合同法》第 60 条第 1 款规定：“当事人应当按照约定全面履行自己的义务。”对于 B 公司来说，全面履行义务就意味着在合同约定的付款期限截止前，应保障承包人 A 公司可

以按时足额取得应得工程款。A 公司取得远期承兑汇票的日期并不能认定为承包方实际取得工程款的日期，汇票兑现的日期才是承包人实际取得工程款的日期，而这个日期明显晚于合同约定的付款日期。

本案中 B 公司交给 A 公司的承兑汇票实际到期日均晚于应付款日。如果在约定日期提前兑取该汇票，作为承包人的 A 公司就需要支付贴息款，其实际所取得的工程款因此低于合同约定的工程款。也就是说，B 公司采用承兑汇票方式支付工程款，要么构成付款时间迟延，要么构成欠付部分工程款，显然这两者都属于违约。因此，B 公司擅自使用承兑汇票付款，应当承担因其违约行为给 A 公司造成的损失。

最后，案涉贴息费用与工程款支付存在紧密关联，因此针对贴息费用的诉请并不存在超过诉讼时效的问题。

在整个庭审过程中，王律师稳中求胜，在全面剖析法律关系和案件事实的基础上冷静迎战，通过梳理各项法律关系和事实逻辑，有力地反驳了 B 公司在法庭上的辩解，最终赢得了法官的认可，支持了 A 公司的全部诉讼请求。后 B 公司向沈阳市中级人民法院的上诉亦被二审法院驳回。A 公司终于赢得了这场艰难的诉讼。

本案自 2018 年仲夏接案，历经一审二审，结案时已是 2019 年深秋，委托人 A 公司的诉讼请求所主张的款项全部执行到位。客户所有诉请获得一审二审支持且款项全部执行到位，心中自有一股酣畅淋漓之感！杭州、沈阳千里奔波劳累自不必赘述，凡是案子皆需上心，更需以匠人精神悉心雕刻细节。作为一名一直在路上的法律人，唯有永不停歇，坚守对法治执着的信仰，尽力站在委托人的立场进行考量和出策，才能以更饱满的姿态迎接每一场“战役”！

办案启示

一、良性沟通是办案第一要务

与承办法官沟通，可以通过对话推断法官对案件的审判观点，并依此作出有效的诉讼策略和应对方案；与对方律师沟通，可以试探对方掌握的案件筹码或其证据短板，所谓“知己知彼，百战不殆”；跨省办理案件，应积极找寻合作，以求在司法环境和承办法官的审判风格不同的情况下，降低诉讼成本提升沟通效率。

二、利用可视化技巧整理证据，掌握诉讼主动权

在证据繁杂的案件中，如果不按照一定的逻辑顺序对证据进行有效地归纳整理，可能会影响律师对案件代理的意见分析，降低案件分析效率和思路整理。利用可视化技巧，为一审二审承办法官审理案件提供清晰的案情事实认定和证据采纳等方面的便利，提高庭审效率和质量，同时也能使我们在诉讼过程中掌握诉讼标准化的主动权。

三、聚力焦点，方能拨云见日

只有在明确潜在的争议焦点后，才能在事实上从焦点入手全面补充证据，努力在最大限度上还原案件事实。专业上紧紧围绕争议法律关系进行钻研，才能在焦点问题之争中占据优势。本案中，通过对证据材料的整理和合同条款的剖析，并结合合同签订及履行时消防部门规章的沿革及效力更替，我们最终协助法院查清了案件事实，并取得了案件的胜诉主动权。

"IPTV 回看"模式的定性之争

——记杭州首例电视回看纠纷案办案纪实

江　力[1]　沈　丹[2]

[1] 江　力，管理合伙人，浙江工商大学法律硕士实务导师，杭州市版权纠纷人民调解委员会调解员，jl@ zjblf. com

[2] 沈　丹，律师，sd@ zjblf. com

"IPTV"（即交互式网络电视）系三网融合背景下的典型产物，广电部门负责 IPTV 集成播控平台建设和管理，电信部门为 IPTV 集成播控平台与电视用户端之间提供信号传输和相应技术保障。"回看"功能的实现主要通过以下方法：广电部门在通过 IPTV 通道传输直播信号流的同时对直播流进行缓存备份，该缓存在 72 小时内可以进行调取，从而实现"回看"的效果，72 小时后相应缓存将自动被覆盖、删除。

自"IPTV 回看"业务问世以来，关于该模式属于信息网络传播行为还是广播行为，不同法院的裁判尺度不一。

本案系笔者作为被告代理律师承办的一起因"IPTV 回看"模式引发的著作权纠纷，经杭州互联网法院一审，认定"IPTV 回看"模式不属于信息网络传播行为，最终取得一审胜诉。

《芈月传》红极一时 电视回看引争议

《芈月传》系由郑晓龙导演，孙俪、刘涛、方中信、黄轩、高云翔、赵文瑄等主演的古装电视剧。原告西藏某信息技术有限公司以独占方式享有该剧自 2015 年 11 月 30 日至 2025 年 11 月 29 日期间的信息网络传播权。

2018 年 2 月，NX 卫视以直播方式播出《芈月传》，原告发现被告 DX 公司运营的"IPTV"在回看板块"NX 卫视"一栏中提供《芈月传》相关剧集的回看服务，遂以被告侵害著作权为由诉至杭州互联网法院，要求被告停止侵权并赔偿经济损失及合理费用 20 万元。

观点针锋相对　两次开庭难定性

本案案情事实较为简单，争议焦点在于对“IPTV 回看”行为进行法律定性。两次庭审中，双方代理律师围绕争议焦点展开了激烈的辩论。原告代理律师坚持认为回看功能使观众可以在选定的时间和地点收看作品，突破了传统广播权的范围和特征，属于信息网络传播行为的范畴。而我方的主要观点如下：

1. “回看”行为仅是广播电视业务的扩展及延伸，与传统广播权的二次利用没有实质区别。

案外人 ZJ 公司接收到相应频道节目信号之后，同步传输给被告，被告通过其有线电缆 IPTV 专网将该信号实时传送给用户，即通常意义上的电视直播，该行为毫无疑问属于广播行为。而被告在传输直播信号流的同时对直播流进行备份，这一存储在服务器上的备份直播流在有限 72 小时内（72 小时后该备份内容将自动删除）将完整备份的内容提供给其局域网内用户观看，其播放主体仍然是广播组织，来源途径亦来自广播组织，受众也仍然是同样的特定会员。而且，回看服务提供的节目台标、节目编排等与直播节目一致，与广播权的二次利用并没有本质区别。

2. IPTV 的“回看”服务不符合信息网络传播权“公众在其个人选定的时间和地点获得作品”的特性。

需要注意的是，《著作权法》中广播权和信息网络传播权内容中的“公众”的指向并不相同，信息网络传播权是指向广域网环境，而广播权的公众是处于一种范围可控的状态。结合本案 IPTV 提供的“回看”服务，提供作品的对象并非所有的社会公众，而仅限于已经相对特定的局域网内的用户，公众不可能在不安装 IPTV 专网及终端的任何其选定的地点获得；同时被告提供的“回看”功能播放的信号仅限于相应电视台 72 小时之内播放的信号，而不及于此前已经播放的任何时间段的信号；72 小时后缓存备份的直播流将会被自动删除。

因此，综合以上几点，“回看”服务仍然没有改变广播权的“单向性”“被动性”的特点，尤其不符合信息网络传播权可以在“个人选定的时间和地点获得作品”的要求。

3. 将 IPTV 的“回看”功能界定为广播行为，更符合国家政策导向。

根据《国务院办公厅关于印发三网融合试点方案的通知》，IPTV 业务为三网融合的典型业务形态。而在限定回放时间内，特定用户可以在特定环境下通过特定入口按需求主动点看节目，又是三网融合的特征之一，如果没有该功能，IPTV 回放模式这一全国普遍存在的 IPTV 视听系列服务将无法持续，“三网融合”的产业政策也将无法得到实施。

4. 从利益平衡角度出发，将“回看”功能界定为广播行为，更有利于广播电视行业发展和公共利益。

在互联网出现后，广播电视行业受到很大冲击，为吸引观众而研发了回看技术。如果广电组织没有该类权利，则会破坏竞争的平衡。从利益平衡的角度，显然应当维护目前已经较为平衡的竞争机制，否则会形成互联网一家独大，最终损害消费者的合法权益。

该案二次开庭后，因案情疑难复杂，经批准延长审限 6 个月。

最终，法院认为，从产业政策来看，IPTV 作为三网融合政策培育出的典型业务形态，业务属性上属于广播电视业务；从法律层面看，“IPTV 回看”模式不会改变广播组织提供广播的单向性和观众的被动性，在来源、传播途径、受众、获得方式上均区别于典型意义上的信息网络传播行为；从技术层面看，被告属于信号分发方，对信号发出方的版权内容是无法审查的，也无权干涉，广播权有一次利用和二次利用，“IPTV 回看”服务通过专网专送提供的信号来实现，同传统的广播权的二次利用之间没有本质区别；从利益平衡上看，IPTV 作为国家推进三网融合产业政策的典型业态，其本质上是传统广播电视产业借助现代网络技术，以低成本的方式传播尽可能多的广播电视信息，将“IPTV 回看”模式从广播电视的产业角度进行调整，界定为广播权二次使用的规制范畴，有利于国家政策中公共利益目的的实现。

综上，法院认定被告的行为不属于信息网络传播行为，驳回了原告的诉讼请求，被告获得一审胜诉。

办案启示

一、刨根问底，解析技术谜题

知识产权法的诞生原本便与知识创新不可分割，这使知识产权法律工作者必须对新技术、新业态有一定的了解。"IPTV回看"的定性问题之所以成为一个法律疑难问题，就是因为"IPTV回看"模式因技术革新而产生，导致《著作权法》中原有概念不能将其直接涵盖。

基于这一点，我们着力分析"IPTV回看"与信息网络传播行为在技术层面的区别。从"IPTV"专网专用角度入手，强调被告对于直播信号流完整、未加更改地进行传输，实质上仅对节目内容的回看提供了技术手段，与原告主张的信息网络传播行为存在根本不同。

二、及时请教，寻找专业支持

正如上文所言，本案不仅是一个知识产权领域专业问题的诉讼案件代理，更存在法律理论问题的探讨。对于这一问题，有众多的学者曾进行论述。对于法律理论问题的探讨，作为律师的我们需要在基于自身研究的基础上，及时向业界领域内的专家学者们请教。所以我们邀请了黄武双、冯晓青、李雨峰、李扬、丛立先、卢海君、熊文聪等教授对"IPTV回看"模式进行知识产权合法性的论证，从而拓宽了我们的辩护思路，也让我方的代理意见和诉讼主张更有说服力。

三、追本溯源，抓住法律本质

利益平衡原则是知识产权法的基本精神与立法宗旨。一方面，知识产权需要有保护知识创造者适当的激励机制以鼓励创新；另一方面，知识产权法还担负着实现广泛的社会公益的重任。

考虑到这一点，我们追本溯源，从著作权法的立法本意是利益平衡这一点破局。通过综合“三网融合”的政策导向、广播电视行业的公共属性、消费者尤其是少数弱势群体的利益保护等因素，向法院着重阐明将“IPTV 回看”定性为广播行为更利于公共利益的实现，更符合著作权法的基本精神和立法宗旨，从而获得了法院的支持与认可。

贸易融资引发诉讼，一波三折终获法院支持

——一起逾亿元的贸易融资合作纠纷案办案纪实

王全明[1]　王　杰[2]

[1] 王全明，主任，浙江省律师协会公司法专业委员会主任，全国律师行业创先争优先进个人，wqm@zjblf.com

[2] 王　杰，律师，曾获第九届浙江省律师论坛一等奖，wj@zjblf.com

本案是一起标的逾亿元的贸易融资合作纠纷，案件时间跨度逾七年，不仅涉及国企之间复杂的利益纠葛，还牵扯政策法律的变迁，属于重大疑难复杂案件。本案背景也非常复杂，王全明律师团队在接手本案后，深感困难重重。律师团队在充分听取了委托人的案情陈述的基础上，调取了大量的证据资料，并多次通过团队头脑风暴的方式分析并确定代理思路，最终与委托人确定以“解除合同”为基本路径的诉讼方案。经过近一年的诉讼，本案核心诉求终获一审法院和二审法院的支持，为委托人挽回了近1.3亿元的损失，并成功锁定C承储公司的责任，为案件的有效执行奠定了重要基础。本案中律师团队的专业服务获得了委托人的高度肯定。

如何向C追责？请求权竞合下的诉讼策略确定

本案交易发生在2012年，浙江省某大型国企旗下的一家贸易公司（以下简称A贸易公司）的贸易业务在快速发展，并在积极寻找农业粮食领域的贸易合作，而山东省某国企及其旗下子公司（以下简称B粮油公司、C承储公司）在当地有着广泛的收购、销售渠道及成熟的物流、承储能力。双方就案涉玉米收购销售事宜一拍即合，就开展玉米收购、销售的一系列合作，签署了合作协议，并约定：先由A贸易公司提供货物购买所需的款项，再由B粮油公司根据销售市场行情，选择将货物销售给第三方或自行回购；B粮油公司与C承储公司共同承担保管责任，其中，因C承储公司的原因给A贸易公司造成损失的，A贸易公司可向B粮油公司要求连带的损失赔偿；如C承储公司未按照规定放货造成A贸易公司损失的，

B 粮油公司与 C 承储公司共同承担。

不料 B 粮油公司、C 承储公司隐藏着巨大的债务危机。合作期届满后，B 粮油公司不能按约定向 A 贸易公司支付玉米销售的所得款项，C 承储公司也没有按约定在收到提货单之时当即放货。据了解，C 承储公司在取得 B 粮油公司的单方面指示后即将货物转让给他人，A 贸易公司面临着“钱货两空”的不利局面。出于合作方是国有公司，从各方多年建立的深厚合作关系等多重因素考虑，A 贸易公司一直试图通过与 B 粮油公司协商解决纠纷，并多次致函 B 粮油公司希望能要回款项。直到 2018 年，B 粮油公司虽然表面仍承诺还款，甚至还出具了还款承诺函，但背地里已着手转移主要资产，逐渐将公司变为一个空壳公司。A 贸易公司无奈寻求王全明律师团队的帮助。

律师团队发现，A 贸易公司虽然一直向 B 粮油公司主张权利，却自纠纷发生后一直未向 C 承储公司直接主张权利。眼下 B 粮油公司仅是一个空壳，名下没有任何有价值的资产，只有 C 承储公司可能还有一定资产。因此，本案第一个问题，也是委托人最关心的问题，就是如何向 C 承储公司追责，是否超过诉讼时效？

律师团队经仔细研究，认为本案存在请求权的竞合，依不同请求权基础可以衍生出不同的诉讼策略：（1）B 粮油公司与 C 承储公司侵害了 A 贸易公司的案涉货物的物权，基于侵权行为向两公司主张权利；（2）因 B 粮油公司与 C 承储公司不履行合同义务，要求两公司继续履行协议，由 B 粮油公司进行回购并支付回购款项；（3）因合同目的无法实现要求解除案涉合作协议，基于协议约定的责任内容向两公司共同主张权利，要求返还货款本金及利息。

若采取策略一，只有在构成共同侵权的基础上两公司才会承担连带责任。A 贸易公司虽然有提货单，但实际上对本案货物情况并不了解，相关侵权的事实证据难以寻找，在举证上处于被动，若以共同侵权作为请求权基础，可能难以取得法院的支持。若采取策略二，按照协议约定B粮油公司才是回购义务人，C承储公司只有负责承储保管的义务，没有直接支付回购款的义务，因此难以锁定C承储公司的责任。经过律师团队多次沟通、论证，最终选定了策略三的方案，即主张解除合同、返还本息，并根据协议约定要求B粮油公司与C承储公司承担连带责任。

究竟有没有货？巧用询问技巧固定案件事实

诉讼策略确定后，为了进一步了解案情，调查两被告的财产线索，律师团队首先进行了细致的诉前准备工作。律师团队为此多次赴山东，向被告所在地的国土部门、档案馆等部门调取了B粮油公司、C承储公司2003年前后至今的所有工商档案、财产信息及交易文件，并多次实地考察、寻找。功夫不负有心人，最终找到了C承储公司名下两处未被查封也未设抵押的房产线索，并成功申请保全了B粮油公司名下一个尚存90余万元的银行账户。

但最令人担心的还是案涉货物是否真的存在。如果对方一口咬定案涉货物实际不存在，我们又如何抗辩？律师团队经研究得知，贸易融资与融资性贸易存在本质区别：贸易融资往往也被称为供应链金融，并得到了国务院的政策引导与大力支持，而融资性贸易是为了获得融资而虚构贸易背景，往往不存在真实的货物交易，受到国家的相关监管。因此，本案案涉货物是否真实存在，可能涉及案涉合作协议的效力，这个“城门”是万万不能失守的。于是，律师团队经过充分考量，精心设计了法庭询问问题，未拘泥于合同签订过程及货物流转过程的争论，而是直接从货物被C承储公司处分的结果层面向对方发问。最终，在一审庭审中，律师团队化被动为主动，让两被告，特别是C承储公司承认了处分货物的事实，包括处分的时间以及具体处分方式。后这一事实经由法庭核实得到了进一步的固定。

为了进一步巩固战果，律师团队事后还提交了涉及被告的其他几起类似诉讼，以证明相同类型的贸易形式，相关诉讼的判决均认可合同的效力。

共同还是连带？关于责任承担形式的争议

本案中C承储公司作为仓储一方，究竟有没有法律责任？如果有，属于哪一种责任性质，也是原被告双方的主要争议焦点之一。律师团队之所以采用合同解除的诉讼策略，一个重要的原因就是为了锁定C承储公司的连带责任，而一旦锁定C承储公司的连带责任，即使A贸易公司没有直接向C承储公司主张过权利，也可以因为连带责任产生重新起算时效的效力，如此便可排除时效风险。

庭审中C承储公司主张，按照合作协议第7条第1款规定，应是C承储公司承担违约责任，B粮油公司对C承储公司的相关责任承担连带责任，而不是C承储公司对B粮油公司的返还回购款项承担连带责任；按照合作协议第7条第5款，约定的是“共同清偿责任”，而不是连带责任。庭审中主审法官也注意到了这一点，并向我方释明：“如果本案不是连带清偿责任的话，你们是否需要变更诉请？”

面对C承储公司的咄咄紧逼以及法院的不利释明，律师团队临危不乱，庭审结束后仔细梳理了庭审笔录并做了大量的查询、论证工作，最终在出具给法院的回复意见中，还是坚持认为本案的共同清偿责任本质上就是连带清偿责任，并予以充分说理；同时也作了适当变通和让步，同意若按法院释明内容，则将诉请变更为共同责任，并强调本案中“共同赔偿责任”应理解为“连带的共同赔偿责任”。

至此，在一审庭审的多个回合交锋中，双方都竭尽全力据理力争，但无论是证据准备还是合同条款分析论证上，我方的准备工作显然更为充分扎实，这也为本案的胜诉奠定了基础。后一审法院判决合同有效并得以解除，B 粮油公司向 A 贸易公司返还货款本息。但出乎原被告双方意料的是，一审法院同时判决 C 承储公司对 B 粮油公司不能清偿部分承担赔偿责任，即在连带责任和共同责任之外，判了一个“补充责任”。C 承储公司提起了上诉。

何为补充责任？引据论证终获省高院支持

面对一审“补充责任”的判决，我们拿到判决书后第一个问题就是要不要上诉。经研判，笔者认为，就该赔偿责任的责任性质而言，法院虽然没有采纳我方主张的连带责任的观点，在论证对 C 承储公司的权利主张未过诉讼时效时也较为含糊，缺乏直接的法律依据，说理不够充分，但从结果上看，裁判结果锁定了 C 承储公司的责任，仍对我方有利。因此，在与委托人充分沟通后，A 贸易公司采纳了不上诉的建议。

二审面临的第二个问题就是判决补充责任的合理性。对此 C 承储公司称，一审判决认定的责任形式既不同于合同约定，也不同于 A 贸易公司的一审诉请，判决结果显然是超出诉请范围，要求改判支持其诉讼请求。为了回应一审判决的合理性问题，律师团队分别从理论研究及实践判例两个角度进行检索、分析和论证：

从理论研究角度，我们找到了最高人民法院党组成员孙华璞法官发表于《人民司法》的一篇文章《关于补充责任问题的思考》，该文的核心观点认为“补充责任这种完全独立的新型责任形态，应当归属于连带责任的范畴”，这一观点对我方非常有利。若将补充责任视为连带责任，则当然未超出我方主张的“连带的共同责任”的诉请范围。一审法院出于一种公平原则的衡平考虑，在C承储公司的责任承担上作了适当调整，判定C承储公司承担“补充责任”，既未脱离连带责任的范畴，也相对减轻了其责任。

从实践判例角度，我们找到了最高人民法院的（2016）最高法民终650号和（2009）民提字第137号两例公报案例作为参考，以论证在合同法律关系中也存在适用补充赔偿责任的法理和先例，补充赔偿责任作为对一般合同责任的必要调整，更能凸显民法的公平原则。其中，对于最高人民法院在【（2016）最高法民终650号公报案例】大连倖旗投资管理有限公司与中国外运辽宁储运公司等借款合同纠纷案中认为，辽宁储运公司作为质物监管人未按合同约定履行审查报告义务，对主责任人的虚假出质承担补充赔偿责任。再如，对于最高人民法院在【（2009）民提字第137号公报案例】枣庄矿业（集团）有限公司柴里煤矿与股份有限公司青岛分行、青岛保税区华东国际贸易有限公司联营合同纠纷案中认为，在符合协议约定的监管条件时，华夏银行怠于履行监管义务，导致华东公司擅自支取350万元，显然已构成违约，并承担相应的补充责任。本案中C承储公司作为责任人之一，判决其在B粮油公司不能履行范围内承担补充责任，并无不当。

而针对时效问题，律师团队进一步晓之以理动之以情，指出：A贸易公司与B粮油公司、C承储公司为一份协议的三个主体，如果出现同一份协议不同主体的时效既有中断又有超过，显然是相互矛盾，相互冲突的，让当事人无所适从。且C承储公司作为B粮油公司的兄弟公司，实际负责人为同一个，而且负责合同标的物的管理，存在明显的过错，违反合同约定无单放货。在A贸易公司每年派人向B公司法定代表人及其他公司高管主张权利情况下，在B公司每年以国有企业承诺解决问题支付款项的承诺下，以承诺书仅B公司盖章而没有C承储公司确认，两个法人独立为由，试图不承担相应责任，显然是不公平的。

最终，浙江省高院采纳了律师团队提出的全部代理意见，支持了我方的观点。2019年7月，浙江省高院驳回了上诉，维持一审判决。

这起始发于2012年，前后历经七年多的纠纷自此终于落下帷幕。通过这场一波三折的诉讼，作为代理律师，我们成功运用自己的专业知识和法律技能力挽狂澜，为委托人争取到了近1.3亿元的利益，也为案件的有效执行奠定了重要基础。

回顾这一纠纷的始末，若当时A贸易公司在采用贸易融资模式进行合作交易时能更为谨慎，或者纠纷发生后及时寻求专业律师帮助，积极向C承储公司主张权利，在诉讼中想必能更为主动。可见，寻求律师介入并接受专业法律服务，宜早不宜迟。

办案启示

一、诉前对案件进行充分评估并分析各种可能性及风险

本案的纠纷发生在两家国企之间，历经多次协调、沟通，案件较为复杂。既存在融资贸易与贸易融资的性质认定问题，也存在合同违约与侵权的竞合问题。在确定诉讼方案之前，代理律师通过多次讨论形成了不同的应对策略，并分析了不同诉讼策略所对应的法律风险。经过利弊权衡，最终与委托人选择确定了恰当的解决方案。法院最终的判决也证明了这一点。因此，在诉讼案件的代理工作中，代理律师必须注重诉讼方案的斟酌考量和案件潜在发展方向的把控，确定案件合理适当的解决之道。

二、充分通过案例及专家观点来进行佐证

本案诉讼中，就合同关系中的补充责任这一争议问题，代理律师引用了最高人民法院的（2016）最高法民终650号和（2009）民提字第137号两例公报案例作为参考，以论证在合同法律关系中存在适用补充赔偿责任的法理和先例。同时，代理律师引用最高人民法院党组成员孙华璞法官在《人民司法》中发表的一篇文章中的观点来辅助论证。最终，本案律师的代理意见获得法院的支持，取得了本案理想的诉讼代理效果。因此，律师在案件中应穷尽方法，检索权威的理论和案例依据，为当事人的主张提供充分的理据。

三、律师介入纠纷宜早不宜迟

对于当事人而言，在发生纠纷后可能会倾向于采取一些方式，退而求其次以寻求纠纷矛盾的解决。但常会出现适得其反的情况，错失最佳的诉讼时机。笔者建议，当事人在纠纷发生后应及时寻求专业法律帮助，以便通过最有效的维权手段，争取尽早化解纠纷，或者在后续的纠纷解决中占据高地。

“脚踩双雷”的破产撤销诉讼

——成功代理某4000万元民间借贷代偿款破产撤销权纠纷案办案纪实

陈建刚[1]　唐小平[2]　陈　铜[3]

[1] 陈建刚，高级合伙人，嘉兴仲裁委员会仲裁员，cjg@ zjblf. com

[2] 唐小平，高级合伙人，浙商证券内核委员，杭州市首届检察官、律师控辩大赛十佳辩手，txp@ zjblf. com

[3] 陈　铜，律师，法律硕士，ck@ zjblf. com

随着供给侧结构性改革的深入推进，破产案件呈井喷式增长。相较于传统民商事法律，破产法律有其独有的使命。对破产理论的探索和破产法律条文含义的准确把握，是摆在法律人面前的重要问题。

在众多与破产有关的纠纷中，破产撤销权纠纷因涉及相对人既得利益的剥夺与否，且被诉行为往往还是合法行为——只是由于权利保护不能两全才引起纷争，故对于管理人行使撤销权是否合理、破产撤销权的边界到底在哪里，时常发生争议。

破产管理人为全体债权人的利益提起撤销诉讼，已占据了道义上的天然优势地位。而在案涉民间借贷的担保和清偿中，破产企业的相关行为不仅在表面上完全符合《企业破产法》第 31 条所规定的无偿转让财产情形，还完全符合该法第 32 条所规定的个别清偿情形。几乎属于“标准”的应当被撤销的清偿行为。

本所律师作为被撤销一方的诉讼代理人，在面对前述极为不利的局面时，大胆突破法律条文文义上的桎梏，通过鞭辟入里、深入浅出的阐释法理，对管理人维护全体债权人利益的攻势进行釜底抽薪，最后成功说服法庭驳回管理人的全部诉请，赢得胜利，体现了代理人扎实的理论功底和高超的论辩技艺。

该案的判决结果，也必将成为《企业破产法》第 31 条、第 32 条理解与适用上较好的参考案例。

六个月内借又还　一朝破产危机现

A 投资公司名下拥有不动产“A 大厦”。该大厦作为抵押物，为 A 投资公司、B 公司和 C 公司的银行贷款提供了最高额抵押担保。

D 餐饮公司系 A 投资公司的全资子公司，其名下有不动产“D 大厦”。该大厦亦作为抵押物，对 B 公司、C 公司的上述债务提供了最高额抵押担保。

2017 年 2 月 17 日，在 A 投资公司提供保证担保下，金某将一笔资金出借给了 D 餐饮公司，用于偿还了 B 公司、C 公司对银行的上述贷款并注销了“D 大厦”上的抵押登记。随后，D 餐饮公司即通过出售“D 大厦”所得的售楼资金归还了金某的大部分借款，但仍有 4000 万元借款尚未归还。为归还该借款，A 投资公司于 2017 年 2 月 21 日向银行贷款 4000 万元归还了金某。

作为民间借贷，在金某顺利收回全部借款后本该就此了结，但却因 A 投资公司在 2017 年 8 月 16 日被人民法院受理破产申请而又生波折。而金某收到借款本息之日，与破产受理之日刚好差一天满六个月。

2019 年 6 月，A 投资公司破产管理人以 A 投资公司为 D 餐饮公司担保及清偿债务的行为属于无偿转让财产，且代偿行为系发生于破产案件受理前六个月内的个别清偿为由，向人民法院起诉请求撤销 A 投资公司向金某支付 4000 万元的行为。

法条规定极不利　脚踩双雷陷被动

D 餐饮公司在出售“D 大厦”后虽未进入破产程序，但早已没有任何资产。A 投资公司在破产之时本身也是债务缠身，实际资产所剩无几，一旦该笔 4000 万元清偿被撤销，金某的债权只能被认定为普通债权，最终可得的分配款几乎可以忽略不计。

因此，金某唯有获得胜诉，否则 4000 万元将可能一分不剩。在这种情况下，金某慕名找到本所高级合伙人陈建刚和唐小平律师代理其应诉。

两位律师首先考虑的问题，就是《企业破产法》第 31 条所规定的人民法院受理破产申请前一年内，涉及债务人财产的“无偿转让财产”行为，管理人有权请求人民法院予以撤销之规定。

本案 A 投资公司并非民间借贷的主债务人，仅仅为保证人。保证担保行为发生于该公司进入破产程序前一年内。

参考《四川省高级人民法院关于审理破产案件若干问题的解答》所规定的债务人为他人所负债务而提供财产担保，管理人可以适用“无偿转让财产”的规定主张撤销的意见，以及《江苏省高级人民法院民事审判第二庭破产案件审理指南》关于债务人在人民法院受理破产申请前一年内无偿加入他人债务的，将导致债务人责任财产减少，属于广义的无偿转让财产，管理人请求人民法院予以撤销的，应予支持的规定，本案 A 投资公司为 D 餐饮公司向金某借款提供保证的行为极有可能被认定为《企业破产法》第 31 条所规定的“无偿转让财产”行为。

而《企业破产法》第 32 条规定：“人民法院受理破产申请前六个月内，债务人有本法第二条第一款规定的情形，仍对个别债权人进行清偿的，管理人有权请求人民法院予以撤销。但是，个别清偿使债务人财产受益的除外。”这一规定使本案的形势变得更为被动。

A 投资公司向银行贷款 4000 万元代偿 D 餐饮公司对金某的民间借贷发生在破产案件受理前六个月内，属于“个别清偿”是不争的事实。该债务基于民间借贷且系为他人担保而产生。故对于该民间借贷担保之债的个别清偿，实在难言“使债务人财产受益”。

如果把《企业破产法》第 31 条所规定的“无偿转让”和该法第 32 条所规定的“个别清偿”比喻成“雷”，那么本案的当事人金某很不走运——竟然同时踩到了两颗雷。

如何小心翼翼地排掉这两颗雷，对两位律师是严峻的考验。

追根溯源析法理　据理力争获胜诉

两位律师研究案情后，对《企业破产法》的法理进行了深度挖掘，对破产撤销权进行了“追根溯源”的解读。基于破产撤销权是民法所规定的债权人撤销权在《企业破产法》领域的扩张适用，故其不能完全脱离民法中债权人撤销权的相关规定和基本法理，对破产撤销权作过度扩张解释。

针对管理人所提出的“无偿转让”主张，两位律师从D餐饮公司系A投资公司独资子公司，依据财务报表合并及公司法对一人有限公司的规定，主张两公司具有利益上的同一性；从A投资公司系借贷关系发生前即提供连带担保这一特征来看，主张承担连带还款义务乃是金某同意出借其资金的前提条件，该担保既不同于债的加入也不同于追加担保，而是等于与母子公司作为共同借款人向金某借款。基于上述理由，构建了针对“无偿转让”的防御阵地。

针对管理人所提出的“个别清偿”主张，两位律师没有拘泥于到底是不是个别清偿，而是主张“本案并不存在应予撤销的个别清偿行为”。金某出借的资金和收回的资金均是在银行等主体配合下的受控流转，因而整个出借与收回是不可分割过程，不能割裂出“清偿”环节单独评价——主张从整体上看，该交易对于D餐饮公司与A投资公司盘活企业资产具有不可替代的功能，即便贷款代偿了4000万元后，A投资公司名下的“A大厦”的实际最高额抵押担保负担依然比最初下降了数千万元，该交易显然属于有益于债务人财产的交易。

针对管理人所提出的“全体债权人的公平受偿权”遭受侵害这一主

张，两位律师以破产撤销权所要保护的权利边界为突破点，主张立法目的仅在于撤销那些损及其他债权人既有利益的“损人利己”受偿行为。并以“添粥后分粥”的形象比喻提炼出了本案出借行为与收回行为均发生于破产受理前六个月内，收回借款的行为并未损及其出借前就已经存在的那些“存量债权人”的合法权益这一核心观点。并在此基础上进一步主张，管理人本案所提诉讼实质是以损害金某的重大合法权益为代价去过度保护其他债权人，目的是帮助其他债权人获得不正当利益——这一主张也直接击中了管理提起本次诉讼的“正义”性。

此外，两位代理人还对破产撤销权适用过程中是否应考察债务人与相对人是否存在关联关系，是否应考察各自的主观方面，不当扩大撤销范围对交易秩序形成的巨大冲击等方面进行了充分论证。

最终两位律师的主张得到了法庭的认可，一审判决驳回了管理人的全部诉讼请求。

原告不服提上诉　二审维持尘埃定

一审的判决结果，破产管理人显然是无法接受的，故随即提起了上诉。

针对管理人提出的上诉理由，两位律师见招拆招，逐一击破了管理人所主张的事实和法律基础。

第一，在案涉 4000 万元的归还是否属于“无偿转让的行为”方面，对管理人有没有代行股东职责对 D 餐饮公司进行过审计进行发难，主张作为一人有限公司的股东不能证明其财产独立于母公司的，本身就应对子公司债务承担法定连带清偿责任。

第二，对于管理人主张该4000万元的清偿属于应予撤销的个别清偿行为，两位律师延续一审时的观点，主张不能将《企业破产法》所规定的“使债务人财产受益的行为”，简单理解为“使债务人财产数额增加的行为”，对于任何一个企业来说，财产的可盘活程度也往往决定了其财产是否可以发挥出正常效用。本案金某提供案涉资金之前，无论是D餐饮公司还是A投资公司，其财产均因过重的金融贷款抵押担保负担而无法变现。金某所提供的资金不仅成功盘活了D餐饮公司名下的不动产，也大幅减少了A投资公司名下不动产的抵押负担，使A投资公司进一步通过余值抵押等途径融资具备了现实可能——这显然属于“使债务人财产受益”的情形。

第三，对于管理人所谓追求公平受偿就要舍弃交易秩序的保护这一“断章取义”和“片面歪曲”的观点，两位律师亦进行了驳斥。《企业破产法》所要保护的恰恰是正常的交易秩序。破产撤销制度所要矫治的只不过是那些打着“交易自由”的幌子，实质上是“转移财产”“争夺财产”，损害其他债权人利益的不正当行为。本案金某并非“存量债权人”，其收回案涉过桥资金亦不存在任何“争夺财产”获取不正当利益的因素，案涉行为显然不是可撤销的行为。

第四，两位律师还非常妥当地指出了管理人提起诉讼所犯的错误，其无视了两家公司的整体性，忽视了在主债务成立前就已经签订的担保合同和追加担保的差别，没有完全搞明白破产撤销权设立的根本目的，只是机械地关注条文的字面意思，还完全无视交易安全与经济秩序的稳定，出于人为提高破产债权清偿率以体现破产管理成果之目的，不惜损害被上诉人的合法权益，对债务人的正常给付提起了错误的撤销诉讼。

面对两位律师有理有据的层层分析，上诉人始终未能作出有效的反驳，最终二审维持原判，支持了两位律师的全部观点，为本案画上了一个圆满的句号。

办案启示

一、法律人不能仅拘泥于法律条文字面意思，只有通过透彻析理方可寻得法律真意。

当法律条文的字面意思与我们内心最朴素的公平正义相冲突时，作为律师，我们唯有深入分析该法律条文背后的法理，对僵化的条文作出合乎逻辑与情理的解释才有可能获得法庭的支持。

各种解释法律的方法中，对立法目的和法律渊源的探索往往最有利于达到“以理”和“以德”服人的效果。

二、对于“个别清偿撤销制度”这种典型的法律“舶来品”，律师对个案的办理不仅仅是维护当事人的利益，还肩负着准确适用法律、提高职业群体对法律认知与背后法理探索的重任。

个别清偿撤销制度本身只是为了防止债务人在丧失清偿能力的情况下，通过无偿转让、非正常交易或者偏袒性清偿债务等方法损害全体或者多数债权人利益，破坏公平清偿原则。该制度的设计并非为了提高普通债权人的平均受偿率，而是赋予管理人向获得了正常个别清偿的相对人追夺财产的权利。

在个别清偿的受偿人与债务人并无任何关联关系、双方又不存在恶意串通的情形下，个别清偿撤销权应审慎行使。

个别清偿撤销权，应严格限定在“导致其他债权人既有利益因个别清偿而遭受损失”的特定情形——这也是办理本案过程最为重要的理论提炼。

三、一旦牵涉破产，债权人"落袋"也并非就一定"安全"。

通常在借贷关系中，借款人还款被视为已经履行完毕全部合同义务，出借人也就可以放心了。但破产案件中个别清偿撤销权的出现，打破了"落袋为安"的惯常思维。

如果借款人已经营困难，则出借人应当慎重调查并考虑借款人在六个月内破产的可能性。另外，对于还款主体也应进行审慎的调查，避免因代为还款人破产而遭受意外损失。

证据可视化实操

——记 A 公司与明星张某合同纠纷成功调解案*

陆　原[1]　赵青航[2]　吴宇亭[3]

[1] 陆　原，权益合伙人，浙江省律师协会金融与保险专业委员会委员，浙江省证券业协会证券纠纷调解员，luyuan@ zjblf. com

[2] 赵青航，权益合伙人，杭州市律师协会民事专业委员会秘书长，2020 年度杭州市律师行业最美共产党员，zqh@ zjblf. com

[3] 吴宇亭，律师，法学硕士，wyt@ zjblf. com

---

* 本文发表于《中国律师》2019 年第 12 期。

2019年9月，本所陆原、赵青航和吴宇亭律师共同办结了A公司与明星张某之间的合同纠纷案件。回顾代理过程，证据可视化的方法为我们获得有利于委托人的事实认定提供了莫大帮助，故将代理该案的证据可视化实操总结如下。

一、案情概览

2017年3月，A公司与张某签订《合作合同》，约定双方共同经营淘宝店铺服装生意，张某利用其影响力打造服装品牌，A公司具体负责服装的生产、采购、运输、仓储和网上销售等。2018年1月，双方签订《补充协议》，进一步明确分工和成本承担，张某只负责服装品牌宣传，A公司全权负责商业经营，A公司按照合作经营的淘宝店铺年销售额的10%向张某支付合作收益。同时约定，若淘宝店铺年销售额未达到8000万元，张某有权单方解除合作。

《补充协议》签订后，A公司将其拥有的淘宝线上销售渠道和推广资源用于淘宝店铺的经营，淘宝店铺的销量自此与日俱增。然而，张某却在2018年12月20日突然提出解除双方合作关系的要求。此时的A公司已将大量的资源成本投入，仅是库存的品牌服装就达上千万元的市值，若此时双方停止合作，A公司将因品牌权属问题难以继续销售库存服装，进而遭受巨额经济损失。迫于张某在双方合作中的强势地位，A公司希望张某补偿一定损失，随后再谈解约事宜。但张某不仅拒绝作出任何赔偿，而且单方面彻底停止双方的合作，导致淘宝店铺的经营陷入停滞。

2019 年 3 月，张某向 A 公司发出律师函，以 A 公司在 2018 年未达到约定的 8000 万元销售额（A 公司 2018 年的销售额为 7950 万元）为由，正式要求解除与 A 公司的合约。A 公司收到律师函后，再次找到张某协商，希望张某能够分担 A 公司部分损失，但张某再次拒绝。

2019 年 5 月，张某向法院起诉，要求 A 公司向张某支付拖欠的合作收益及违约金。我们接受 A 公司委托，积极应诉，并向法院提出反诉，要求追究张某的违约责任。

二、办案思路

接手案件之初，我们预判到，双方会在案件的事实部分存在很大的争议。要把这个案件办好，关键在于通过梳理纷繁复杂的事实情况，选取恰当的证据材料，尽力还原真相，使法院清楚哪一方才是真正的违约方。

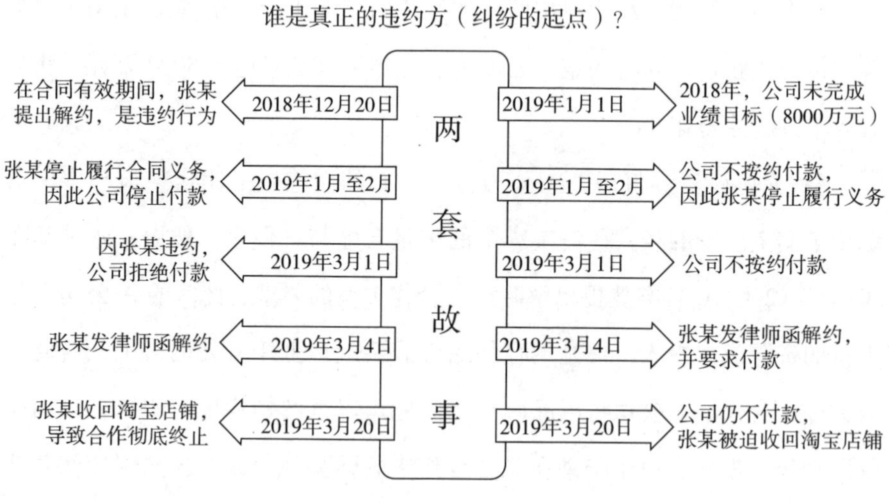

图 11－1　本案基本事实与双方的核心争议

在A公司一方看来（图11－1的左半部分），是因为张某在2018年12月20日提出的解约，以及张某在2019年1月至2月停止履行合同义务的行为构成了重大违约，A公司才在2019年停止支付合作收益。之后张某在2019年3月20日收回了淘宝店铺，导致了双方的合作彻底停止。因此张某是违约在先的一方，A公司拒绝支付合作收益是合理行使自己的抗辩权。

在张某一方看来（图11－1的右半部分），由于A公司在2018年没有达到合同约定的销售额，因此其有权在2019年解除合约，进而张某有权在2019年1月至2月停止履行义务。A公司在2019年3月之前不支付合作收益的行为又构成了重大违约。张某认为其在2019年3月20日收回店铺是为了减少损失所做的无奈之举。

分析案情后，我们认为最终双方的核心争议会归结到谁是在先违约的一方。当时我们认为，关于该项事实的认定，A公司处于不利地位。一方面，虽然张某在2018年12月20日通过微信向A公司提出了解除合作的意思，但一来这不是正式的解除通知，二来张某的沟通方式非常有技巧，并没有明确地提到"解约"或者与解除类似的字眼，如果在法庭上争辩起来，张某一方完全有可能提出当时只是在进行关于解约的协商，并未作出解约的动作。另一方面，我方的"违约"却是"板上钉钉"的事实。双方签订的《补充协议》第3条约定，"甲方（A公司）保证2018年1月至合同履行期满前，每个合作年度的销售流水收入不低于人民币捌仟万元（8000万元），若任何一个年度未达标的，乙方（张某）有权提前解约"，然后A公司在2018年确实未取得8000万元的销售业绩。

因此，如何对张某的约定解除权提出合理的抗辩，避免法院认为A公司是违约在先的一方，是本案的两大办案重点之一[①]。这一工作在当时的我们和 A 公司看来都是困难重重的。首先，我们手里没有任何有利的证据，仅有的书面证据是《合作合同》以及《补充协议》，而这两份合同都是张某的律师所拟定，在权利义务设置方面几乎是“一边倒”地有利于张某。其次，我们了解案情的渠道只有 A 公司工作人员的口头描述和各个工作人员散乱的聊天记录，无法全面、清晰地掌握案情。最后，A 公司在 2019 年年初与张某对账之时，已经确认了淘宝店铺 2018 年的全年销售额为 7950 万元，相当于已经“承认”了自己的违约行为。

三、证据可视化

（一）“无”中生“有”

虽然面临上述三重困难，但我们仍然保持细致、耐心的工作状态，不停地挖掘案件事实，搜集证据材料。在此过程中，一个细节引起了我们的注意：A 公司的一位工作人员在和我们沟通中随口说道，张某在 2018 年“双十一”活动前有推迟“上新”（即协助 A 公司将服装上架并进行销售）的行为。我们如发现宝藏一般，从而开启了从微信聊天记录中寻找有力证据的征程。

我们专门约见了多位持有与张某一方工作聊天记录的 A 公司工作人员，花费了大量时间与精力反复阅览这些聊天记录，多次推敲、核实各条聊天记录之间的时间关系、逻辑关系。经过数天的连续工作，最终我们和

① 另一重点是如何固定张某提前解约，2019 年后不履行义务等违约行为。两个重点一个用于“摘除”公司的违约，另一个用于“坐实”张某的违约。因另一重点与本文主题联系不大，故不在此详述。

工作人员从上万条工作群聊天记录中筛选出了753条与案件相关的聊天记录。此后，我们对筛选出的聊天记录进行了公证，并将公证书作为证据提交给法院。

聊天记录筛选完成后，如何组织它们，便是工作的第二步。

(二) 化繁为简

虽然我们锁定的753条聊天记录看似都与张某延迟履行义务有关，但即使这些记录组合在一起，依然难以“坐实”张某的违约行为。因此我们又经过反复的查阅、沟通和核实，决定从两个方面再次摘选聊天记录的内容：一是双方的合作实际由张某主导，张某的配合是业务流程中不可或缺的环节并对推进业务具有决定性影响的内容；二是合作过程中因张某的不作为甚至阻挠行为导致商品销量减少的内容。按照上述两个方面，最终我们摘取了其中423条聊天记录。

为了证明第一个方面的内容，我们筛选出三组聊天记录，共同展现出2017年12月至2018年1月期间双方在准备2018年3月[①]的服装销售工作过程中的三个重要环节，用以证明张某对运营流程的影响：

1. 第一个环节是确认样品服装款式。由张某的团队向A公司提供服装样式图，A公司按照要求制作样品服装。我们找出了张某团队的工作人员要求A公司根据图片（照片）制作服装样品的两页聊天截图（见图11－2）：

---

① 整个运营流程涉及选取样品、修改样品、生产、运输、上架（淘宝店铺）销售，所以一般需要3个月到半年的时间提前准备。

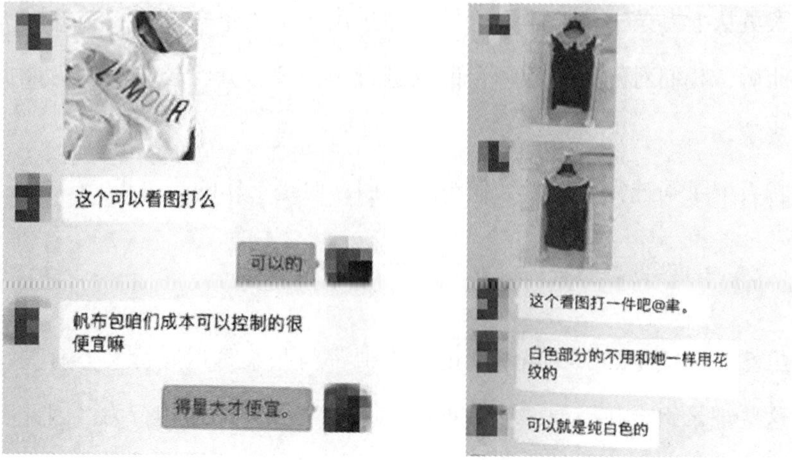

图 11－2　证明张某选取样品款式的聊天截屏

2. 第二个环节是确认“上新”服装。A 公司将制作完成的服装样品交付给张某，由张某试穿并拍摄照片，用于服装“上新”时展示。在这个环节，如果张某团队认为该款服装不适合销售，则会要求 A 公司作出修改甚至取消销售。根据试穿和调整的结果，双方确定将要销售的服装款式。我们找出了张某团队要求 A 公司寄送服装样品，并且修改、确认最终“上新”服装的三页聊天截图（见图 11－3）：

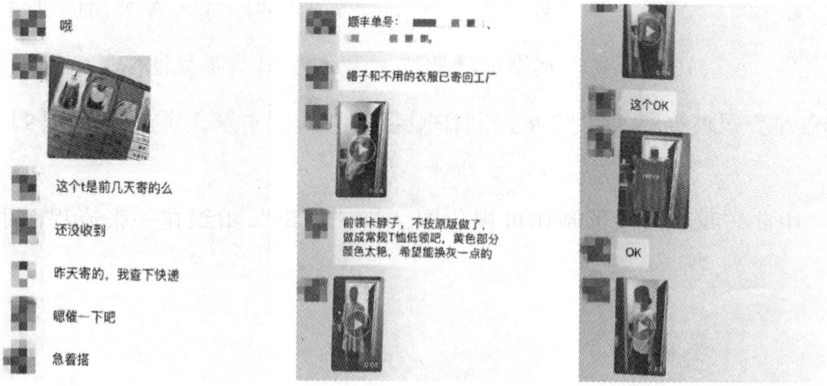

图 11－3　证明张某确定、修改服装款式的聊天截屏

3. 第三个环节是确认下单采购。A公司根据双方确定的服装款式，采购相应的服装，储存于仓库，准备销售。我们找出了张某团队确认下单采购的服装的聊天截图（见图11－4）：

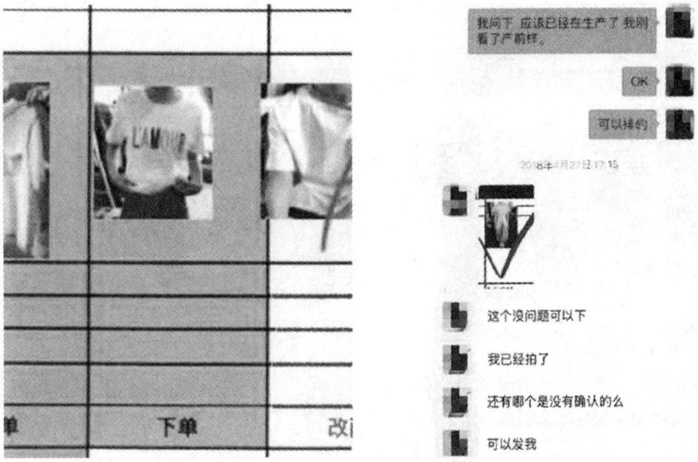

图11－4　证明张某确认采购服装的聊天截屏

通过上述三个重点环节的微信聊天截图，已经能够证明张某对于整个合作流程的控制。但必须承认，这些聊天记录仅是只言片语。我们下一步的工作，也是本案代理工作的关键，就是要将这些截图用心地组织起来，让法官在有限的庭审时间内就明白我们想表达的“故事”。

（三）提纲挈领

由此，我们想到了制作可视化图，将“故事”组织在一张流程图中，选取其中的关键节点，辅以微信聊天截图证据，向法官展示我们的代理思路。于是，按照之前确定的两个方面的证明工作计划，我们制作了两张可视化流程图。

我们以张某影响双方合作流程各个环节的聊天记录为基础，制作了第一张图（见图 11－5）：

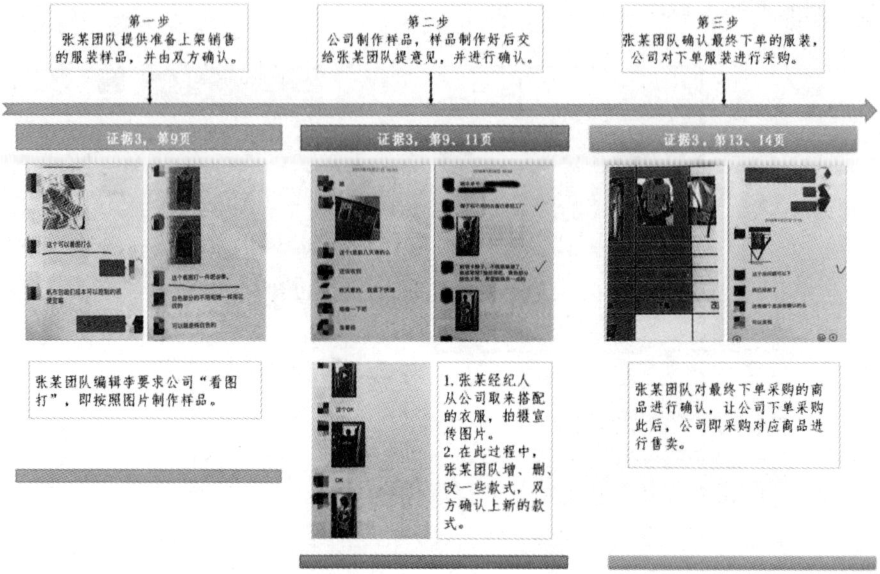

图 11－5　张某影响整个合作流程的可视化步骤

通过图 11－5 和配套的文字解读说明，我们将在前述三个环节中筛选出的聊天记录完整地组织成了一条证据链，用以向法官说明张某对 A 公司的服装运营过程中的决定性影响，为第二方面的证明工作打下基础。

我们围绕张某拖延 C174539D 这款服装“上新”的相关聊天记录，制作了第二张图（见图 11－6）：

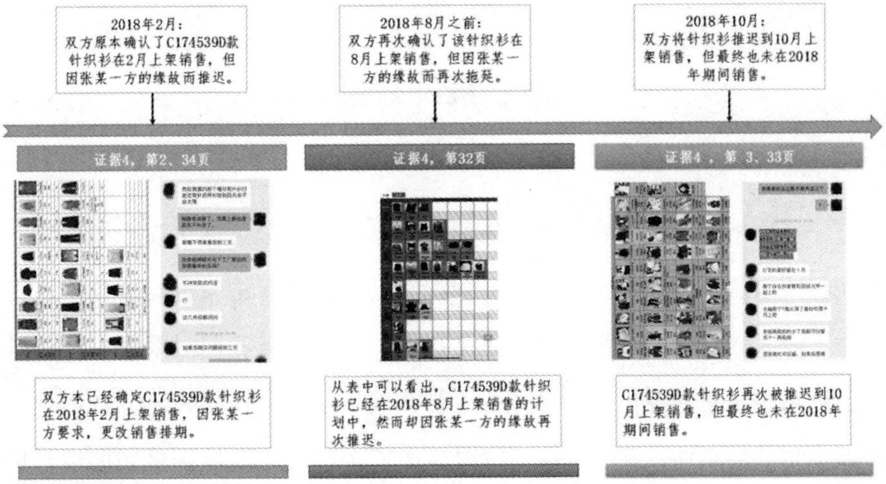

图 11－6　张某拖延某款服装销售计划的可视化流程

通过图 11－6 和配套的文字解读说明，我们展示了从 2018 年 2 月至 2018 年年底，由于张某的拖延行为，导致 C174539D 款服装一直没有上架销售，进而导致淘宝店铺的全年销量减少。同时，我们向法官说明，被张某拖延销售的服装不仅只有 C174539D 这一款，还有另外两款服装，相应的证据都在我们摘选的聊天记录之中。这些服装如果能够上架销售，按照 A 公司的历史销量和类似服装的销售业绩，完全能够增加 200 万元的销售额。也就是说，如果没有张某的拖延，A 公司完全能够达到约定的销售业绩。

针对上述两幅流程图，我们不仅在制作过程中反复推敲、锤炼，而且在开庭之前，也进行了解读表达上的演练，以便在法庭上能够顺畅地根据流程图向法官讲述我们梳理的案件事实。

四、最终效果

一审庭审时，我们在举证、质证环节将上述两套可视化流程图和文字说明提交给法庭，并对作为电子证据提交的微信聊天记录进行解读。法官一边看着我们准备的证据材料和图文说明，一边听着我们对案件事实的讲述。庭后，法官对我们认真敬业的工作态度表示赞许，同时充分认识到了本案案情的复杂性。在第二次开庭时，法官就张某是否对A公司的运营情况有影响力，以及张某是否存在不配合的行为多次向张某的代理律师发问。在通过上述可视化方式对案件事实作出充分阐述的基础上，我们抗辩道，A公司未达到销售业绩应当归因于张某的违约行为，何况实际销售额与业绩目标的差距极其微小（小于0.625%），所以张某不应当享有约定解除权。

最终，一审法院认可了我们的抗辩理由，认定张某不享有约定解除权。法院在判决书中写道："张某主张其享有约定解除权。本院认为，涉案淘宝店铺2018年度的销售流水虽未达到约定的8000万元，但实际销售流水金额7950万元与约定金额差距甚小，在市场具有不确定性且张某亦与经营情况有关的情况下，仅以上述微小差距即赋予张某约定解除权对A公司过于苛刻且有失公平，故本院对于张某该项主张不予采纳。"[①] 一审法院的这一认定对促成双方在二审阶段达成调解起到了巨大的推动作用。

① 2019年11月最高人民法院发布的《全国法院民商事审判工作会议纪要》第47条指出：合同约定的解除条件成就时，守约方以此为由请求解除合同的，人民法院应当审查违约方的违约程度是否显著轻微，是否影响守约方合同目的的实现，根据诚实信用原则，确定合同应否解除。违约方的违约程度显著轻微，不影响守约方合同目的的实现，守约方请求解除合同的，人民法院不予支持；反之，则依法予以支持。

办案启示

一、证据可视化有利于帮助法官完成事实构建

当证据材料繁多冗杂，难以一眼看出头绪时，可视化的表达可以促使我们去芜存菁，将关键证据有效地组织排列出来，形成完整、清晰的证据链，以此协助法官完成对案件核心事实的构建。

证据可视化工作的精髓在于对证据的筛选和归纳，其背后考察的是律师对案件事实的熟悉程度和对证据的组织整理能力。只有对案件事实非常熟悉，律师才能对证据信手拈来，筛选出合适的可视化素材；只有对证据烂熟于心，律师才能以合理的逻辑将证据串联起来，制作出简洁直观的可视化成果。

二、面对强大对手，从容应对

本案中，对方先发制人起诉我方，占据了天时；又约定管辖在其住所地法院，占据地利；再利用明星的影响力，占据人和。在天、地、人三方面均于我们不利的情况下，如何化解这些压力和困难，非常考验办案律师的综合素质。

通过与法官的积极沟通，我们争取到了有效的准备时间；通过对合同和法律规定的仔细研究，对证据的全量公证，我们夯实了法律和事实依据；通过与对方律师和法官的多次耐心谈判，我们一步步降低了对方的预期，取得了案件调解主动权。

三、积累服务多频道网络的产品形态（Multi - Channel Network，以下简称 MCN）机构的法律经验

这是金道律师在为 MCN 机构与明星之间电商合作领域内一起颇有影响力的经典案例。通过本案，我们对 MCN 与明星之间的合作模式、利益分配格局和双方合作中的法律风险点都做了更为深入的研习，也对 MCN 行业现状有了更多的了解。

本案代理结束后，当事人对我们的办案效果感到满意，并介绍了本地另一家大型关键意见领袖（Key Opinion Leader，以下简称 KOL）网红孵化公司，使我们能够用 MCN、KOL 领域的办案经验为更多业内机构提供服务。

虚假仲裁侵犯利益　看律师如何助案外人完成自我“救济”

——成功代理某案外人不予执行仲裁裁决案办案纪实

陈丽媚[1]　王　楠[2]

[1] 陈丽媚，权益合伙人，杭州市律师协会西湖分会民事专业委员会副主任，浙江省律师协会房地产专业委员会副秘书长，clm@ zjblf. com

[2] 王　楠，权益合伙人，杭州市律师协会刑法专业委员会秘书长，wn@ zjblf. com

2018 年 2 月 22 日，最高人民法院发布了《关于人民法院办理仲裁裁决执行案件若干问题的规定》，赋予了案外人向法院申请不予执行仲裁裁决的权利，为案外人开辟了面临虚假仲裁、恶意仲裁的法律救济途径。这一意见出台后，诸如“全国首份案外人不予执行仲裁裁决申请书递交法院”“首例案外人申请不予执行仲裁裁决案最新进展”等新闻报道屡屡见诸报端。在 Alpha 网站上检索案外人申请不予执行仲裁裁决的案例，查到浙江省自 2018 年以来共有 562 例案件，但仅有 1 例不予执行仲裁调解书的申请被支持，其他案例均被驳回。可见，虽然最高人民法院为案外人开辟了这样一个救济通道，但想要沿着这个通道到达成功彼岸并非易事。

2019 年年初，我们就碰到了这样一起案件。当事人 H 某在 2018 年 4 月就一份 W 市仲裁委作出的仲裁裁决向 W 市中级人民法院提出不予执行仲裁裁决的申请。W 市中级人民法院经过审查，认为 H 某没有提供证据证明仲裁裁决中的事件之间存在虚构法律关系、捏造案件事实的情形，因此裁定驳回 H 某的申请。H 某继而申请复议，在寻求我们帮助前，二审法院即浙江省高级人民法院已经召集双方当事人举行了一次听证，可以说二审程序已经过半，彼时当事人更换律师也是抱着最后一搏的心态。

案情简介：当土地抵押权遇上建设工程价款优先受偿权

2016 年 5 月，申请人 H 某与杭州 KS 资产管理有限公司签订《债权转让协议》，以受让不良资产的形式取得浙江 XH 有限公司（化名，以下简称 XH 公司）原欠中国银行名下的债权本金和利息 7090 万元（利息截至 2015 年 11 月），同时对 XH 公司名下坐落于 W 市经开区某地块土地使用权享有抵押权。上述债权经 W 市 L 区人民法院确认并立案执行。2017 年 5 月，W 市 L 区人民法院在司法拍卖网络平台上对 XH 公司名下上述不动产进行公开拍卖，该不动产最终以成交价 4315 万元拍卖成交。申请人 H 某在最高额抵押范围内优先受偿。

在上述执行款尚未分配完毕的情况下，申请人 H 某得知被申请人 YZ 集团有限公司（化名，以下简称 YZ 公司）已向 W 市 L 区人民法院申请执行一份生效的仲裁裁决。该仲裁裁决于 2017 年 6 月作出，仲裁双方当事人为 YZ 公司和 XH 公司，YZ 公司申请仲裁的内容为要求 XH 公司支付 1169 万元工程价款及利息损失，同时对 XH 公司坐落于 W 市经开区 B 园区该地块的工程享有建设工程价款优先受偿权，最终仲裁机构支持了 YZ 公司的申请。这就意味着在 XH 公司的债权人中，YZ 公司的建设工程价款排在第一位，H 某所享有的某地块抵押权位居第二，而 XH 公司的不动产拍卖款已不足以清偿上述两项债权，原本 XH 公司的不动产拍卖款只归 H 某一人享有，现在却要被 YZ 公司分去 1169 万元。

这一纸仲裁裁决对 H 某而言可谓晴天霹雳。万幸的是，在 YZ 公司申请法院执行仲裁裁决时，《最高人民法院关于人民法院办理仲裁裁决执行案件若干问题的规定》已经发布，H 某遂在律师的建议下向 W 市中级人民法院申请不予执行 YZ 公司和 XH 公司的仲裁裁决，至此开启了维权之路。

出师不利：一审败诉，二审命悬一线

一审被裁定驳回后，H 某随即向 W 市中级人民法院提起上诉。案件被

W市中级人民法院受理后，申请人H某的一审代理律师向法院提交了书面意见，主要内容是：案涉建设工程已经于2007年竣工并投入使用，仲裁双方提供的2011年签订的《补充协议》系伪造，这份《补充协议》就是仲裁裁决据以作出的关键证据。XH公司和YZ公司于2011年12月签订该《补充协议》，双方在这份协议中约定了剩余工程款分期付款的进度（从协议签订之日到2014年付清），并明确了工程款不付清就不进行工程验收，自工程竣工验收之日建设工程价款得以优先受偿。

但遗憾的是，一审律师虽然提出了《补充协议》系伪造的观点，也直击要害，却没有提供充分的证据，最终一审法院以申请人证据不足为由裁定驳回申请，一审裁定通篇几乎没有触及案件的实质性争议焦点。申请人H某虽然申请了复议，但在没有新证据的情况下二审法院的改判概率近乎为零。

一审法院的裁判揭示了案外人申请不予执行仲裁裁决案件的难点：首先，案外人与仲裁裁决的事项往往没有任何关系，案外人既没有亲身参与过仲裁双方当事人所仲裁的事项，缺乏亲历性，也没有参与过仲裁程序，对其中的信息一无所知，仲裁裁决的出现无异于半路杀出的程咬金，案外人想反击，却缺乏还手之力。

其次，《最高人民法院关于人民法院办理仲裁裁决执行案件若干问题的规定》第9条规定了案外人申请不予执行仲裁裁决所需具备的三个条件①，这是法院受理不予执行仲裁裁决的门槛，其中第二项和第三项属于程序方面的要求，容易达到，而第一项属于实体证据方面的要求，如何证

---

① 《最高人民法院关于人民法院办理仲裁裁决执行案件若干问题的规定》第9条规定的三个条件：（一）有证据证明仲裁案件当事人恶意申请仲裁或者虚假仲裁，损害其合法权益；（二）案外人主张的合法权益所涉及的执行标的尚未执行终结；（三）自知道或者应当知道人民法院对该标的采取执行措施之日起三十日内提出。

明仲裁当事人的恶意和虚假，直接证明绝无可能性，以其行为印证其主观恶意和虚假，难度极大。

再次，《最高人民法院关于人民法院办理仲裁裁决执行案件若干问题的规定》第 18 条列举了案外人想要人民法院支持其申请必须同时符合的条件①，其中第一、二项所需的证据资料掌握在案外人手中，容易提供，但第三、四项的举证责任却极为繁重，案外人想要获取仲裁双方虚构法律关系、捏造事实的线索十分困难，更不用说取得关键证据了。

最后，法院在审理案外人申请不予执行仲裁裁决这类案件时究竟应该只进行程序性审查，还是要深入实体审查，也存在争议，这关系到仲裁的一裁终局效力以及法院监督层面问题。此外，在本案中还存在另一重难关，那就是作为仲裁一方当事人的 XH 公司始终采取回避态度：在仲裁裁决中 XH 公司仅在一开始向仲裁机构提供了营业执照等证明文件，后来既没有参加庭审，也没有书面答辩，仲裁裁决系缺席作出。在本案诉讼中，法院三番五次传唤 XH 公司的负责人均未果。少了 XH 公司的参与，其与 YZ 公司之间的建设工程款结算更是迷雾重重，案外人的调查和质疑更是无从下手。

峰回路转：发回重审扭败局

二审阶段我们介入后，我们争分夺秒与法官沟通，利用案外人不予执

---

① 《最高人民法院关于人民法院办理仲裁裁决执行案件若干问题的规定》第 18 条规定的四个条件：（一）案外人系权利或者利益的主体；（二）案外人主张的权利或者利益合法、真实；（三）仲裁案件当事人之间存在虚构法律关系，捏造案件事实的情形；（四）仲裁裁决主文或者仲裁调解书处理当事人民事权利义务的结果部分或者全部错误，损害案外人合法权益。

行仲裁裁决案件裁判规则尚不成熟的特点，寻找相关案例引导法官的审理思路。

经过反复搜索，我们既找到了两例法院支持案外人申请的成功案例，也找到了数个与本案类似的建设工程价款优先受偿权相关案例。前者为我们开拓了诉讼思路，后者则主要立足于解决本案的实体问题。实体问题是案件审理的核心，我们依据多年在建设工程领域的办案经验，认为本案的建设工程价款优先受偿权存在明显瑕疵。顺着该思路，在二审有限的时间里，我们的首要任务是让法官明白这一点，避免其轻易作出维持原判的裁定。

案外人申请不予执行仲裁裁决的案件发生在执行程序中，因此此类案件由法院执行局来审理，但这类案件往往会涉及很多民商事领域的专业问题，这些问题并不是执行法官的专长领域，比如本案中的建设工程价款优先受偿权问题，执行法官可能会感到陌生。此时就需要我们通过类案向法官传达一个信号：本案的优先受偿权已经超过行使期限，不应该得到支持。如此一来，可以起到釜底抽薪的效果，使法官先有倾向性意见，再去搭建论证结论，这样形成论据体系就会容易很多。

在上述思路指引下，我们在二审剩余不多的时间里与承办法官多次沟通，紧紧抓住本案的建设工程价款优先受偿权存在明显瑕疵、一审未对本案焦点问题进行审理，以及存在程序性问题——没有举行公开听证程序等方面进行阐述，最终争取到二审法院将案件发回重审的结果。并且，二审法院还在裁定中指明了重审的方向，即需要举行听证程序，组织双方当事人对《补充协议书》进行质证，对案涉工程有无实际交付使用进行审查。

至此，发回重审的裁定使案件出现了一丝转机，也为我们争取到了宝贵的时间。

重审路漫漫：以调查令揭开虚假仲裁的实质

案件发回重审后，我们经过对案件事实的全面梳理和分析，决定第一步工作即是主动出击，调查取证。但作为案外人，我们对 XH 公司与 YZ 公司施工中发生的实际情况，短时间无法完全了解。为此，我们首先向法院申请了五份调查令，分别向城建档案馆调取案涉工程的档案资料，向市场监督管理局进行工商调档，向税务局查询 XH 公司和 YZ 公司之间开具税票的情况，向电力公司申请调取案涉地块用电记录，以及向自来水公司申请调取案涉地块的用水记录。

经过我们多次往返 W 市，终于取得了调查结果：其中税票情况与 YZ 公司之前向法庭陈述的工程款付款情况存在 100 万元的差额；用电和用水记录均表明案涉建设工程早在 2007 年年底就投入生产使用，而 YZ 公司在 2019 年才要求行使建设工程价款优先受偿权，远远超过了六个月的优先受偿权行使期限。

在第一轮调查取证的基础上，我们又重新起草了案外人申请不予执行仲裁裁决申请书，将案外人一方的理由和证据更加完善充分地阐述出来。新的申请书紧紧围绕《最高人民法院关于人民法院办理仲裁裁决执行案件若干问题的规定》第 18 条规定展开，共分为四个部分：第一部分为申请人对 XH 公司享有债权，并对 XH 公司名下 B 园区某工程的土地使用权及地上附着物享有抵押权，且相关权利合法真实；第二部分为仲裁裁决认定 YZ 公司对案涉建设工程享有建设工程价款优先偿权侵害了申请人的利益；第三部分深入本案的核心——建设工程价款优先受偿权问题，指出本案两名被申请人隐瞒案涉工程早已实际竣工的事实，导致仲裁裁决错误地认定

YZ 公司对案涉工程享有优先受偿权；第四部分指出有多项证据表明 YZ 公司和 XH 公司系恶意申请仲裁和虚假仲裁。

这一步工作得到了法官一定程度的认可，在法院举行的第一次听证程序中，我们的举证也给被申请人 YZ 公司施加了不小的压力，虽然无法立即达到申请人的诉讼目的，但在庭审中申请人已经占据了明显优势。

刨根问底：律师取证与法院调查相结合

第一轮调查取证使我们士气高涨，并积极有序地进入新一轮的取证和排查工作中。在又一次翻阅案件资料的过程中，我们梳理出仲裁双方建设工程发展的时间轴：YZ 公司与 XH 公司 2005 年签订了一份《建设工程施工合同》，约定竣工日期为 2007 年 6 月；2006 年 3 月，双方签订《手续委办及工程发包协议书》，约定竣工日期为 2007 年 3 月；2009 年 10 月，双方又签订《附属工程承包协议书》，YZ 公司支付了 100 万元质量保证金进场施工；2011 年 11 月，双方签订《补充协议》，约定工程竣工验收日期变更为实际竣工验收日期；2017 年，YZ 公司申请仲裁要求行使工程款优先受偿权。

令人费解的是，总价款不足 1700 万元的建设工程，YZ 公司称 XH 公司至今拖欠工程款 1100 余万元。但自 2008 年 XH 公司在案涉厂房内正常经营开始，YZ 公司一直未要求 XH 公司支付工程款，直到 2017 年才申请仲裁，仲裁裁决作出时 XH 公司的土地厂房刚完成拍卖不久。这究竟是巧合还是恶意虚假仲裁？

我们经过深入分析，认为仲裁双方当事人的工程款结算经过有违常理：首先，一个建设工程的施工单位不可能在每年年底都能经受得起向农民工支付工资的压力，而且一抗就是十多年；其次，2011 年 11 月双方签订了《补充协议》，其中约定 2011 年年底 XH 公司须支付部分工程款，但 XH 公司没有支付，YZ 公司也没有启动仲裁程序；最后，施工单位不可能在仅仅收回不到一半工程款的情况下坐以待毙，不采取有效措施要求业主方支付拖欠款项。这些不合常理之处不由激起我们产生一个大胆假设——XH 公司实际已经支付了 YZ 公司的工程款，但双方在仲裁过程中恶意隐瞒。

于是，我们又向法院申请了十余份调查令，就 XH 公司与 YZ 公司之间的银行往来流水展开调查。这一过程犹如大海捞针，工作强度之大不言而喻。查询中困难重重，我们既碰到过个别金融机构不认可法院调查令的情况，也碰到过必须要求两位律师一起持调查令到场调查的情况，还碰到过要求递交调查令的律师和接收查询结果的律师必须为同一人，且必须现场递交和接收的情况。在此过程中，我们深深感到法院虽然颁布了律师调查令的文件，但法院、银行与律师间的顺畅衔接还亟待加强。

并非每一次辛苦的付出都有回报，两位律师的这一轮艰苦漫长的调查取证工作并没有取得实质性进展，案件再次陷入僵局。此时，法院虽然有对仲裁裁决正确性产生了合理怀疑，但缺乏不予执行仲裁裁决的一锤定音的证据。

面对这样的局面，我们只能再一次对案件现有材料进行地毯式排查，皇天不负有心人，终于在 XH 公司的年度审计报告中发现了端倪——XH 公司存在将款项打给 YZ 公司旗下装饰公司的情况，同时通过庭审发问，YZ 公司否认其旗下公司曾参与 XH 公司的建设工程，这样一来，我们就有理由怀疑 XH 公司打给 YZ 公司旗下装饰公司的款项实际上就是支付给 YZ 公司的工程款。

提出这一质疑后，我们反复与法官沟通，希望法官可以与审计报告的制作人取得联系，由其详细说明当时制作审计报告的情况。最终，认真敬业的法官走访了审计机构，为审计人员制作了询问笔录，就本案的几个关键问题进行了逐一询问，这些笔录成为撬动仲裁裁决的重要支点。

重大突破：法院裁定不予执行仲裁裁决

在案情推进过程中，几大争议焦点一直横亘在法官和原被告双方律师心中，（1）本案是否应进行实体审查，实体审查有无依据？（2）本案有无存在虚假仲裁，YZ 公司有无故意隐瞒重要事实？（3）YZ 公司主张的建设工程价款优先受偿权是否已过六个月的行使期限？

关于第一个争议焦点，案件是否应进入实体审查。由于司法机关和仲裁机构是两套并行的纠纷解决体系，以往《民事诉讼法》中对不予执行仲裁裁决的情形①主要以程序性审查为主。但我们认为调查中已有证据初步显示本案确有虚假仲裁的嫌疑，根据《最高人民法院关于防范和制裁虚假诉讼的指导意见》第 8 条的规定，以及浙江省高级人民法院将本案发回重审裁定的理由，同时引用同类型案件也进行实体审查的案例，我们分析得出：本案需要进行实体性审查，因为在双方当事人对涉案建设工程实际竣

---

① 《民事诉讼法》第 237 条规定：对依法设立的仲裁机构的裁决，一方当事人不履行的，对方当事人可以向有管辖权的人民法院申请执行。受申请的人民法院应当执行。

被申请人提出证据证明仲裁裁决有下列情形之一的，经人民法院组成合议庭审查核实，裁定不予执行：

（一）当事人在合同中没有订有仲裁条款或者事后没有达成书面仲裁协议的；

（二）裁决的事项不属于仲裁协议的范围或者仲裁机构无权仲裁的；

（三）仲裁庭的组成或者仲裁的程序违反法定程序的；

（四）裁决所根据的证据是伪造的；

（五）对方当事人向仲裁机构隐瞒了足以影响公正裁决的证据的；

（六）仲裁员在仲裁该案时有贪污受贿，徇私舞弊，枉法裁决行为的。

人民法院认定执行该裁决违背社会公共利益的，裁定不予执行。

工日期有争议的情况下，本案《补充协议书》是否应予采信，案涉工程是否已实际交付使用等关键问题直接影响法院最终的裁定。案外人不予申请执行仲裁裁决案终能进入实体审查，这是本案能够获得关键性证据的基石，也是案件反转的最主要原因。

关于第二个争议焦点，本案有无存在虚假仲裁，YZ 公司有无故意隐瞒重要事实。我们依照《最高人民法院关于人民法院办理仲裁裁决执行案件若干问题的规定》第 18 条规定的四个要素，一一陈述，并着重描述本案符合“仲裁案件当事人之间存在虚构法律关系，捏造案件事实的情形”：第一，仲裁案件当事人在仲裁裁决过程中恶意隐瞒案涉工程早已使用的事实；第二，YZ 公司无法解释所收到的工程款税票金额与实付金额不符之矛盾；第三，仲裁案件当事人之间的《补充协议》涉嫌虚假，并且无正当理由拒不提供原件进行鉴定；第四，YZ 公司隐瞒由其子公司代收的 338 万元预付款，以及 XH 公司关联公司支付的 172 万元工程款；第五，XH 公司在仲裁及法院审理过程中的异常表现，如 XH 公司在仲裁过程中对影响自身利益的开庭环节不参加、不表态，却在开庭前积极提交营业执照配合仲裁，开庭后领取仲裁文书配合仲裁裁决及时生效，但在本案审查过程中不参加听证和配合法院调查，对案件事实采取不确认、不否认的态度，不符合常理。

关于第三个争议焦点，案涉建设工程款优先受偿权是否超过六个月的问题。当时恰逢《最高人民法院关于审理建设工程施工合同纠纷案件适用法律问题的解释（二）》出台不久，双方对 YZ 公司行使建设工程价款优先受偿权是否已过六个月的行使期限争论不一。YZ 公司提出应该依据《最高人民法院关于审理建设工程施工合同纠纷案件适用法律问题的解释（二）》确定的适用规则，行使期限自发包人应当给付建设工程价款之日起算。而我们认为本案是执行程序，并非司法解释施行后尚未审结的一审、二审案件，故不适用该司法解释，并认为即便适用该司法解释，YZ 公司工程价款优先受偿权的行使期限已过，因为 XH 公司和 YZ 公司在 2011 年对工程进行了造价审定，双方对工程价款认定一致，已经符合发包人应当给付建设工程价款的条件，故相应的行使建设工程价款优先受偿权的期限在 2017 年申请仲裁时早已过六个月。我们律师坚持认为本案中优先受偿权的行使期限起算点应以工程实际竣工之日起算，YZ 公司已超出六个月的权利行使期限，理由是施工合同约定的竣工日期为 2007 年，XH 公司在 2008 年时已经实际占有使用案涉工程，即便案涉工程在仲裁裁决之前未进行竣工验收，但根据《最高人民法院关于审理建设工程施工合同纠纷案件适用法律问题的解释》第 14 条的规定，建设工程实际竣工日期应以转移占有建设工程之日为准。因此，YZ 公司在 2017 年 3 月提出仲裁申请要求仲裁机构认定其享有建设工程优先受偿权时，已经超过了六个月的行使期限。

最终，一审法院全面采纳了我们的代理意见，裁定不予执行仲裁裁决。

完美落幕：浙江省高院维持一审裁定

YZ 公司不服 W 市中级人民法院的裁定，向浙江省高级人民法院提起复议，审理过程中法官临时组织双方听证，通知三天后（包括周末）参与听证，我们甚至在收到听证通知时还未收到复议申请书。短短三天时间，该如何抉择？是申请延期，还是迎难而上？

后我们知悉案涉项目经理叶某到庭听证，在 XH 公司一直未参与庭审的情况下，叶某是唯一知悉项目建设详情的人，也是关键证据《补充协议》的经办人，一审中我们曾多次要求叶某到庭，但均未果。考虑到该种时机可遇不可求，为了进一步还原案情的事实真相，我们果断同意法庭的安排，通宵达旦准备浙江省高级人民法院的听证材料。

在听证过程中，我们对叶某进行重点发问，就合同签订问题、工期问题、开竣工问题、工程款支付问题、实际身份、《补充协议》签订过程问题、在《补充协议》中笔迹落款的问题、工程款结算（和发包人、分包人、班组结算）等方面进行了详细询问。果不其然，该项目经理的回答与原仲裁裁决认定的事实以及一审庭审中对方律师所述的案情出现了自相矛盾的情形。同时，二审法官当场要求叶某手写签名，比对《补充协议》中的笔迹，两者有显著区别，印证了我们认为《补充协议》虚假的观点。毫无疑问，听证程序加深了法官对一审裁定的内心确认，进一步厘清了事实真相。

随后我们提交了代理意见，对叶某的出庭陈述进行了分析，还特意制作了时间轴，将代理意见可视化，并提炼出以下观点（见图 12－1）：

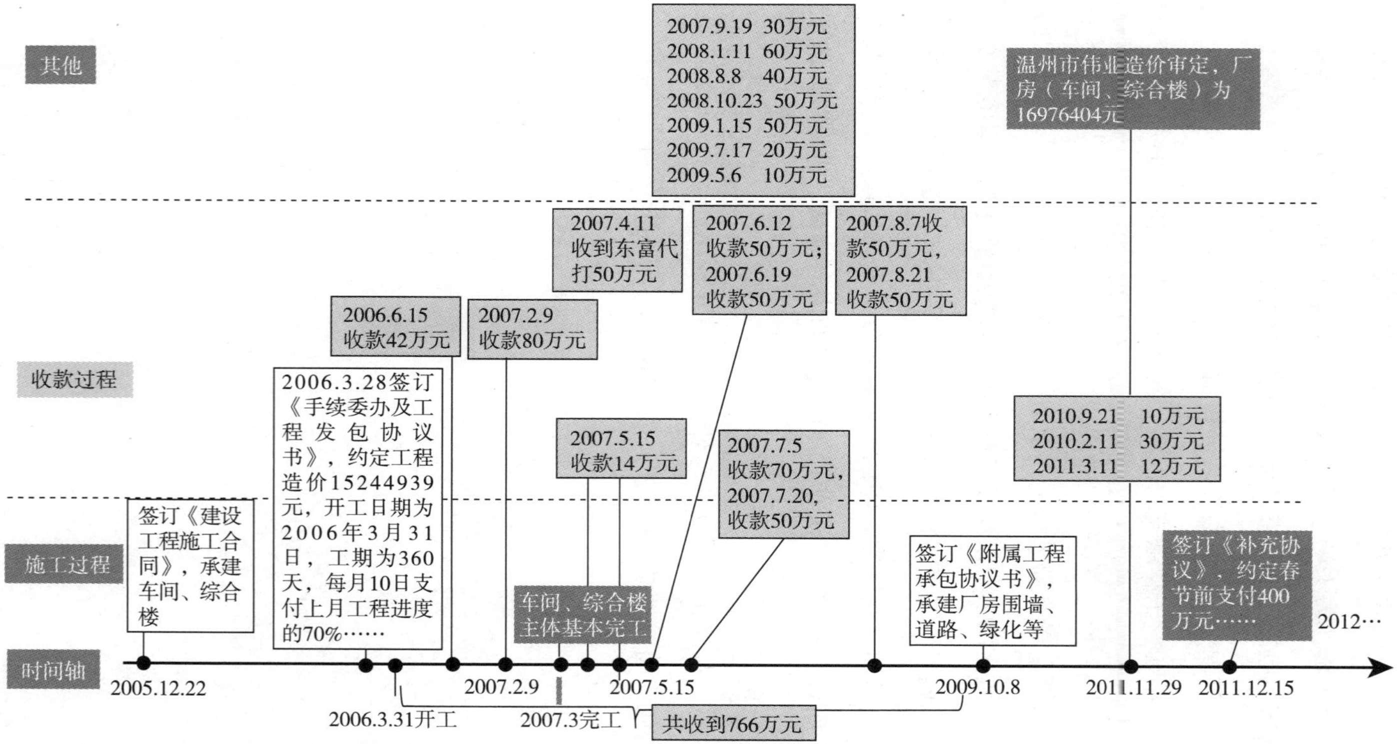

图12-1　叶某表述的案涉工程施工、收款情况

第一，YZ 公司陈述案涉工程在施工初期是按约支付工程款，但根据 YZ 公司在仲裁中提供的证据可知合同价款达 1524 万元的案涉工程从开工至完工期间仅获得了 22 万元工程进度款，两者互相矛盾，有悖常理。

第二，根据 YZ 公司在仲裁中提供的证据可知，YZ 公司在完成案涉工程（结算价高达 1698 万元）后仅收到了 766 万元工程款的情况下，又和 XH 公司签订了《附属工程承包协议书》，却对工程欠款情况只字未提，明显不符合情理和客观事实。

第三，经过 YZ 公司的项目经理叶某现场书写，其签字与《补充协议》中落款签字存在明显区别。

听证结束后，案件的走向较为明朗，YZ 公司希望与我们当事人进行调解，但从该程序的特殊性以及当事人的多方考虑，我们不同意调解，浙江省高级人民法院在 2019 年 12 月作出二审裁定，驳回 YZ 公司的复议申请，维持一审裁定。我们又一次获得全面胜诉，在年关将近的时刻为当事人的维权之路画上了圆满的句号。

结　语

从目前已决的案外人申请不予执行仲裁裁决案件来看，案件类型集中在房地产业、金融业、租赁业中，且不少案例都涉及建设工程价款优先受偿权的争议和探讨，本案即是浙江省首例建设工程优先受偿权与抵押权之争法院支持案外人不予执行仲裁裁决申请的典型案例。由于金融机构借贷合同中抵押担保的普及，类似的案件在现实中非常普遍，该案的办案过程和诉讼结果对后续同类案件具有一定的参考意义。

仲裁具有保密性和一裁终局的特点，加之案外人对仲裁裁决当事人的交易过程未参与也不知情，使案外人在面对虚假仲裁损害其利益时很难得到有效救济。尤其是虚假仲裁案件常常伴有缺席仲裁或调解的情形，仲裁双方当事人没有抗辩过程，案外人寻找证据犹如大海捞针。

本案能够最终获得不予执行仲裁裁决的完美结局，一方面归功于我们的专业和坚持，不放过任何一个可疑的线索，不辞辛苦搜集任何可能存在的证据；另一方面也源于法院为了查明案件事实给予的支持和帮助，充分展现了人民法院“保护弱者、追求正义”的价值取向和公平原则，本案是对案外人申请法院不予执行仲裁裁决案件审理的有益探索。

办案启示

一、扎实的专业能力是办好案件的基础

案外人不予执行仲裁裁决制度于2018年3月1日才创设，实行时间不长，裁判规则尚不成熟，适用亦存在诸多难点，如是否应当进入实体审查程序？案外人不予执行仲裁裁决制度与执行异议制度的区别何在？被申请人和案外人能否自由处分双方的权利？而且本案是建设工程价款优先受偿权和金融机构抵押优先权之争，涉及很多民商事领域的专业问题，律师自身需要不断学习，对案外人不予执行仲裁裁决制度所涉及的法律法规、案例、学术文章进行系统性研究，才能百战不殆。

二、与法官的有效沟通是律师办案技巧的重中之重

案外人申请不予执行仲裁裁决的案件发生在执行程序中，由执行法官来审理，案件中涉及的专业问题可能并不是执行法官的专长领域。在这样的背景下，如何和法官沟通，如何引导法官是办案的重中之重。寻找法官需要的案例，引起法官的共鸣就是重要的方式。笔者在不同的审理阶段使用了不同的案例，如二审中，我们寻找的是建设工程价款优先受偿权方面的相关案例，便于引导法官发现本案的建设工程优先受偿权存在明显瑕疵，在重审一审阶段中，笔者提供的是进入实体程序审查的案例以及支持案外人的案例等，以上案例针对的是当前审判阶段关键争议点或者法官审理过程中必须决策的事项。

三、搜索证据锲而不舍是争取诉讼中优势地位的关键

由于案外人对仲裁裁决当事人的交易过程未参与也不知情，同时本案属于缺席仲裁，仲裁双方当事人没有抗辩过程，案外人寻找证据犹如大海捞针。

为了尽可能地发掘与本案相关的证据，办案律师可谓“锱铢必较”，不放过任何一个可疑的线索，不辞辛苦搜集任何可能存在的证据，对该案件中所有可能涉及的政府部门（如温州市城建档案馆、住建局、规划局、工商管理局、税务局）、电力公司、自来水公司、银行等均申请法院调查令进行调查。在第一轮调查过程中，没有找到能推翻仲裁裁决的关键证据。但办案律师毫不气馁，耐下心来对原有证据进行了地毯式排查，并在可疑点上进行了反复推敲和严格核查，锲而不舍的取证使我们最终找到了撬动本案胜诉的关键证据。细心、耐心、不怕苦、不怕累、不气馁，才是办好民商事案件的关键。

自由心证原则在法院审核认定证据中的适用*

——一起由借名登记引发的不动产确权纠纷案办案纪实

赵青航[1] 龚家勇[2] 汪义山[3]

[1] 赵青航，权益合伙人，杭州市律师协会民事专业委员会秘书长，2020 年度杭州市律师行业最美共产党员，zqh@ zjblf. com

[2] 龚家勇，初级合伙人，2017 年度杭州市司法局“青年岗位能手”，gjy@ zjblf. com

[3] 汪义山，律师，法学硕士，wys@ zjblf. com

* 本文发表于《中国商报》2019 年 9 月 12 日，第 7 版。

一、案情简介

2003 年，王某将其名下的一套位于杭州市富阳区的房屋卖给了张某，并办理了过户手续。后张某反悔要退回房屋，王某表示同意，但为了避免重复缴纳税费，经双方协商一致，暂不办理过户手续，以公证的方式将该房屋的处置权委托给王某。2009 年，王某被查出患有癌症，想到若自己出现意外，儿女都在国外定居，为防范风险，便将上述房屋过户至自己妹夫方某名下，没料想方某先行去世。方某的两子方甲和方乙（即方某遗产的法定继承人）对该房产证的“挂名”行为概不承认。王某与俩外甥多次交涉无果，无奈诉至法院，本案经历了一审、二审，最终王某胜诉。

二、法律评析

本案是一起典型的因借名登记引发的不动产确权纠纷。针对这类案件的法律适用，《物权法》第 16 条和《最高人民法院关于适用〈中华人民共和国物权法〉若干问题的解释（一）》第 2 条均有相关规定，一方面肯定了不动产登记簿在法律上的推定效力，即登记簿上记载的物权人被推定为真实物权人，无须再行承担举证证明责任；另一方面也强调作为一种法律拟制事实，登记公示的物权状态并不总是与真实的物权状态相一致，只要提出异议的当事人能够举证证明真实物权状态与不动产登记簿的记载不一致，人民法院便可采信该证据，进而对真正物权状态作出相应认定。[①] 可见，处理此类纠纷的关键在于证据。然而在实务中，我们会发现多数真实权利人都会面临证据不足的被动局面，加之不动产登记簿在确认物权归属、内容方面具有极高的证明力，更是加大了真实权利人的证明难度。正如本案，在王某提交的证据中，无论是张某和方某之间的《房屋转让协议》，还是方甲手书承认房屋实际所有人为王某的《证明》，抑或是方乙发出的愿意配合王某过户的短信协议，对证明案涉房屋的归属上都存在不同程度的瑕疵甚至缺陷。案件之所以胜诉，很大程度上有赖于审判法官运用自由心证原则，在统筹考虑的基础上审核、认定了我方所提证据的证明力。

所谓自由心证，是指证据的取舍与证明力的大小，以及对事实的认定，由法官根据自己的良心、理性，产生内心确信，自由地作出结论。[②] "自由"是指裁判者享有自由裁量权，对证据的"三性"（真实性、合法性和关联性）及证明力可自由地判断。"心证"要求裁判者的这种判断要达到内心确信的程度。自由心证的作用对象主要限于在证据调查过程中由当事人提出的和由法官依职权收集的证据，法官内心确信的基础不能建立在到案证据之外。自由心证的目的是通过对证据的取舍和判断来认定案件的事实。[③] 在本案中，为确定涉案房屋的真实所有人，法院在认定案件事实的过程中运用了自由心证原则。法官依靠自身的主观意识与经验知识，根据当事人提供的《房屋转让协议》、《证明》和短信协议等证据，对事实"碎片"进行了必要的甄选与组合，最终得出房屋所有权归王某所有的法

---

① 参见最高人民法院民事审判第一庭编著：《最高人民法院物权法司法解释（一）理解适用与案例指导》，法律出版社 2016 年版，第 44 ~ 45 页。

② 杜万华主编：《最高人民法院民事诉讼法司法解释适用解答》，人民法院出版社 2015 年版，第 153 页。

③ 程春华：《裁判思维与证明方法》，法律出版社 2016 年版，第 242 页。

律判断。

我国现行立法虽未确立“自由心证”的法律概念，但《最高人民法院关于适用〈中华人民共和国民事诉讼法〉的解释》（以下简称《民诉法司法解释》）第105条实质上对自由心证原则作出了表述，即人民法院应当按照法定程序，全面、客观地审核证据，依照法律规定，运用逻辑推理和日常生活经验法则，对证据有无证明力和证明力大小进行判断，并公开判断的理由和结果。以下将结合本案案情，对具体适用自由心证原则的四个条件作出以下分析。

第一，事实推定符合日常生活经验法则及逻辑推理。自由心证绝不意味着法官可以自由擅断，需要依照经验法则和逻辑推理作出判断。经验法则是指人们从生活经验中归纳获得的关于事物因果关系或属性状态的法则或知识。[①] 法官进行事实推定时需遵循“以经验法则为大前提，前提事实为小前提，最终推定出事实结论”的逻辑三段论。本案中，方乙发给王某的短信协议写明“王某需赔偿方乙的轿车维修费用，然后双方约定时间一起去办理富阳房产过户”。该约定虽未明确指明方乙要过户至王某名下的富阳房屋就是案涉房屋，但法院依照经验法则认为，双方签订协议时都会约定各自的权利义务，本协议中，双方已经约定了王某需要承担的赔偿义务，若此时“办理富阳房产过户”不涉及王某的权利，双方订立协议就没有必要。法院依据前述大前提和小前提作出合法推定，在判决书中认定：“‘办理富阳房产过户’即为方乙同意协助王某办理案涉房屋产权变更登记至王某名下，即方乙确认案涉争议房屋属于王某所有。”我们认为法院对这一日常生活经验法则的适用是正确恰当的。

第二，判断证明力有无及大小。自由心证不是随心所欲地进行，法官

① 张卫平：《民事诉讼法》（第四版），法律出版社2016年版，第229页。

运用自由心证原则时需着重考虑证据的证明力有无及大小。有无证明力是指能否成为证据的资格，有无证明力是判断证明力大小的前提。证明力大小决定了该证据能否达到证明标准。从审理者的角度来看，证明标准是法官对待证事实是否存在的内心确信程度。[①] 根据《民诉法司法解释》第108条的规定，民事诉讼证据的基本证明标准是高度可能性原则。本案中，针对《房屋转让协议》这份证据的审核认定，法院对其内容作出了谨慎的"分解"，首先认可了《房屋转让协议》主文部分的真实性，据此认定主文内容具有证明力。但法院对《房屋转让协议》末处"该房屋是王某购买，方某代替挂名领取三证"这句话提出了质疑，认为："该处文字书写用笔明显与协议其他文字用笔不一致，文字字间距也与其他文字的字间距明显不一致，显然是添加的内容。但是，该添加行为发生在签约当时或事后，无法确认。"[②] 因此，法院在判决书中认定："王某单凭《房屋转让协议》中'该房屋是王某购买，方某代替挂名领取三证'文字，尚不能证明讼争房屋不动产登记簿的记载与真实权利状态不符，王某为该不动产物权的真实权利人。"我们对法院这段精到、完整的说理表示认同。

第三，全面、客观地审核证据。在《民诉法司法解释》第105条实施之前，《民事诉讼法》第64条就规定了法院要"全面地、客观地审查核实证据"。所谓全面，是指法院应当对与待证事实有关的所有证据都要进行审查核实。法院不仅要对具体证据具体分析，而且要从各个证据与整个案

① 沈德咏主编：《最高人民法院民事诉讼法司法解释理解与适用》，人民法院出版社2015年版，第357页。

② 需要说明的是，根据方甲和方乙的申请，法院依法委托鉴定机构对《房屋转让协议》中"该房屋是王某购买，方某代替挂名领取三证"的文字与协议其他文字是否为同一时间形成进行鉴定。鉴定中心以鉴定事项超出其现有技术条件，无法完成这一委托，根据《司法鉴定程序通则》第15条第（5）款"鉴定要求超出本机构技术条件或者鉴定能力的……"之规定，决定不予受理此案。

件的内在联系等角度对所有证据进行综合分析、比较和鉴别。① 所谓客观，是要求法官摒弃无端猜测、先入为主等主观偏见，坚持通过证据来发现案件事实，将主观能动性建立在对证据进行实事求是地审查判断的基础之上。② 本案中，法院据以作出判决的关键证据还有一份，即方甲手书的《证明》。在《证明》中方甲承认知晓案涉房屋实际产权人是王某，全部房款也是王某支付的，其父亲只是代理人。故法院判定该《证明》构成方甲对王某系案涉房屋真实产权人的自认。至此，法官在本案中取舍、判断证据的路径得以清楚地展现：首先，客观论证了《房屋转让协议》尚不能证明案涉房屋不动产登记簿的记载与真实权利状态不符、王某为该房屋的真实权利人。其次，法院全面分析了《证明》和短信协议载明的内容，案涉房屋《房屋所有权证》《国有土地使用证》《契证》和电费交纳凭证等均由王某持有，方某从未在案涉房屋中居住等情形。最后，法院认定上述证据构成较为完整的证据链，其足以证明登记在方某名下的案涉房屋属于王某所有，遂支持了王某的诉讼请求。

第四，公开心证。法官心证的公开是司法公开这个原则的最新含义。③ 为防止和制约法官的恣意心证活动的发生，法律要求公开心证，即将司法过程中审查证据、认定事实的所有程序公开，从而使人们通过对程序正当性的认可，建立起对结果正当性的信赖。心证公开的内容包括证据资料的取舍以及可以作出判断的依据及证据资料为何对其判断有所帮助等。④ 正如杜万华大法官所言，“自由心证既不是法官自己相信，也不是仅公布判

---

① 全国人大常委会法制工作委员会民法室编：《〈中华人民共和国民事诉讼法〉条文说明、立法理由及相关规定》，北京大学出版社 2012 年版，第 100 页。

② 杨荣馨主编：《〈中华人民共和国民事诉讼法〉释义》，清华大学出版社 2012 年版，第 118 页。

③ 陈光中等：《司法改革问题研究》，法律出版社 2018 年版，第 155 页。

④ 杜万华主编：《最高人民法院民事诉讼法司法解释适用解答》，人民法院出版社 2015 年版，第 155 页。

断结果，还要明确公布与法律规定不相冲突、不存在逻辑问题、不与日常生活经验矛盾的、令人信服的判断理由”;[①]“自由心证是讲道理的，不是不讲道理的‘我信’。简单的案子要在法庭上说清楚。如果是普通案件，必须把对证据的采信和事实的认定，特别是有争议的部分，用裁判文书说出来，这是自由心证的操作方法”。[②] 本案中，一审法院对如何取舍存在争议的《房屋转让协议》、《证明》以及短信协议等证据，如何利用这些证据来推定房屋所有权归王某所有，都在判决书中作出了令人信服的详细说理。最终二审法院也维持了一审判决，本案以我方当事人王某取得胜诉而告终，纠纷得以顺利解决（见图 13 –1）。

① 杜万华：《杜万华大法官民事商事审判实务演讲录》，人民法院出版社 2016 年版，第 392 页。

② 杜万华：《在第八次全国法院民事商事审判工作会议上的专题讲话》，载杜万华主编，最高人民法院民事审判第一庭编：《民事审判指导与参考》（总第 64 辑），人民法院出版社 2016 年版，第 40 ~41 页。

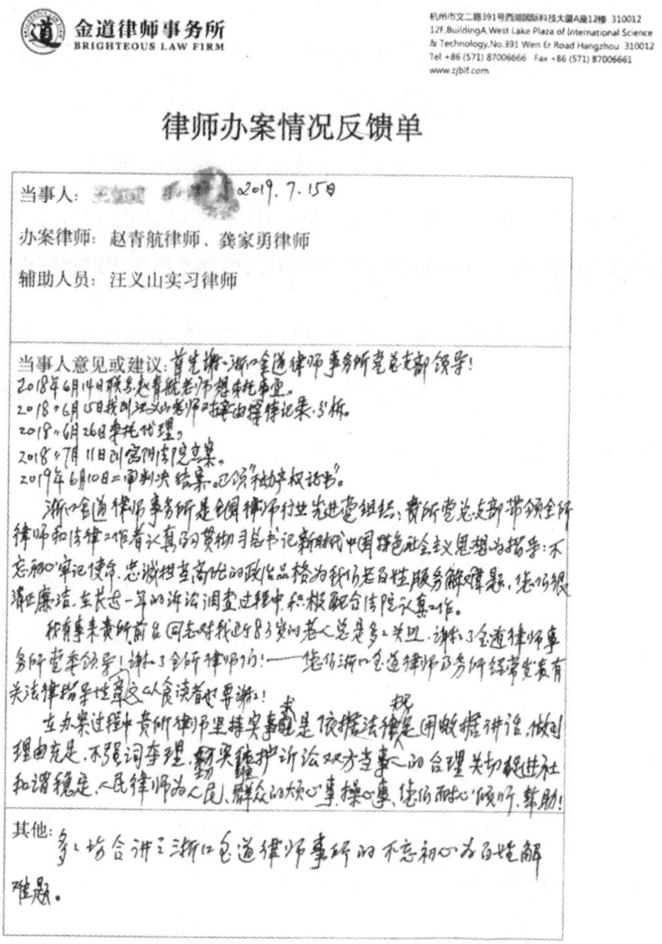

金道律师事务所
BRIGHTEOUS LAW FIRM

杭州市文二路391号西湖国际科技大厦A座12楼 310012
12F, BuildingA, West Lake Plaza of International Science & Technology, No.391 Wen Er Road Hangzhou 310012
Tel +86 (571) 87006666 Fax +86 (571) 87006661
www.zjblf.com

律师办案情况反馈单

当事人：[redacted] 2019.7.15日

办案律师：赵青航律师、龚家勇律师

辅助人员：汪义山实习律师

当事人意见或建议：首先谢谢浙江金道律师事务所党总支部领导！
2018年6月14日联系赵青航老师想委托事宜。
2018年6月15日我们汪义山老师对案由等律记录、分析。
2018年6月26日委托代理。
2018年7月11日到富阳法院立案。
2019年6月10日二审判决结果。已领"不动产权证书"。

浙江金道律师事务所是全国律师行业先进党组织，贵所党总支部带领全所律师和法律工作者认真学习贯彻习总书记新时代中国特色社会主义思想为指导：不忘初心牢记使命，忠诚担当高尚的政治品格为我们老百姓服务解难题，他们很清正廉洁，在长达一年的诉讼调查过程中积极配合法院认真工作。

我有幸来贵所前后同志对我近8个月的善人总是多多关照，谢谢了金道律师事务所党委领导！谢谢了全所律师们！——您们浙江金道律师事务所经常发表有关法律指导性意见以供读者们参考谢谢！

在办案过程中贵所律师坚持实事求是依据法律规定用数据讲话，做到理由充足，不强词夺理，切实维护诉讼双方当事人的合理关切促进社会和谐稳定，人民律师为人民，群众的烦心事、揪心事，您们耐心倾听、帮助！

其他：多多场合讲讲浙江金道律师事务所的不忘初心为百姓解难题。

图13－1　本案当事人写给浙江金道律师事务所党总支的感谢信

办案启示

本案系一起物权纠纷，被告一、二原本是认可讼争房屋属于原告所有，但由于二被告要求原告满足一些不合理的要求才愿意配合过户，原告未答应，导致矛盾激化，发生诉讼。

仅凭《房屋转让协议》尚不足以使法院采信房屋实际所有权人为王某的事实，王某提供的对证明案涉房屋归属的证据也都存在不同程度的瑕疵甚至缺陷。如何将上述“瑕疵”证据进行印证，能够使主审法官运用自由心证，在统筹考虑的基础上审核、认定原告所提证据的证明力，是我们办理本案的重中之重。

本案，被告一方甲于2015年3月26日写给原告的《证明》，其认可了讼争房屋系挂名在他父亲方某名下，实际所有人应当为原告王某。庭审之时，原告提供的手机短信可以证明被告二方乙实际也认可讼争房屋属于王某所有。被告一写的《证明》，被告二发的短信，都是一种当事人的自认，再结合《房屋转让协议》以及案涉房屋《房屋所有权证》、《国有土地使用证》、《契证》和电费交纳凭证等均由王某持有，方某从未在案涉房屋中居住等情形，构成了比较完整的证据链，使“碎片”事实被重新组合，尽可能向法院还原了客观真实，法官最后通过自由心证支持了王某的诉讼请求。

律师在代理民事诉讼案件时，取证工作一定要做到细致、极致，为当事人尽责。即使在法庭上，律师都要在瞬息万变的庭审中保持注意力的高度集中，也许会在庭审过程中取得重要的证据，从而进一步影响法官的自由心证，促使案件朝着有利于己方的方向发展（见图13－2）。

图 13 - 2

注：赵青航：《以悉心致初心》，载《东方法苑》2019 年第 10 期。

条分缕析理证据　归纳焦点辩法理

——某施工合同纠纷案历时五年“三”审终审代理纪实*

赵青航[1]

[1] 赵青航，权益合伙人，杭州市律师协会民事专业委员会秘书长，2020年度杭州市律师行业最美共产党员，zqh@ zjblf. com

* 本文收录于赵青航：《亲历法庭：民商事案件诉讼思维与代理策略》，法律出版社2020年版，收入本书时略有删减。

2014年8月，胡祥甫律师与我开始代理杭州某A公司（以下简称A公司）与浙江某B建设集团（以下简称B集团）的建设工程施工合同纠纷案。当时，本案已由某区人民法院（以下简称区法院）一审，某市中级人民法院（以下简称市中院）二审。市中院以区法院认定基本事实不清，可能影响本案实体处理为由，发回区法院重审。我们从本案重审一审阶段开始后代理本案，历经重审一审、二审和再审三个阶段，共耗时五年零十个月，终获胜诉。

证据欠缺　亟待补证

2014年8月，A公司董事长第一次与我们律师会面，他携带了区法院一审民事判决书和市中院发回重审的民事裁定书。我们还来不及细看，董事长就直言："B集团把我的楼造成这个样子，耽误了十多年，官司也打了三年多，但法院判我输了，我不服！"董事长愤愤不平，使我们迫切想了解案情。

董事长显得很郁闷，说道："A公司在2005年与B集团签订《建设工程施工合同》，B集团为A公司造一栋大楼，约定的工期是540天，但直到今天，快十年过去了，大楼还没竣工验收。B集团造的是一个半拉子工程，还没造完就离场不管了，后面的工程是我让A公司继续造的。最可恨的是，B集团在施工过程中，除了造成很多事故，还有许多的违约行为！从2012年开始，B集团不仅不承认错误，还来反告我！法院也不支持我，我不服……官司到今天已经打了3年多了。"他一边说着，我一边飞速地浏览长达 74 页的一审判决书。

原审一审的判决书中，A 公司本诉的诉讼请求主要有两项：(1) B 集团支付 A 公司工期延误的违约金 2400 余万元；(2) B 集团赔偿 A 公司其他经济损失 270 余万元。① B 集团反诉请求主要有两项：(1) A 公司赔偿 B 集团停工、窝工经济损失约 2000 万元；(2) 确认 B 集团的工程款和窝工、停工损失就已建工程折价或者拍卖价款享有优先受偿权。② 最后，区法院判决：(1) B 集团支付 A 公司违约金 170 万元；(2) A 公司支付 B 集团工程款 230 余万元；(3) A 公司赔偿 B 集团停工、窝工损失 180 万元；(4) 驳回 A 公司的其他诉讼请求；(5) 驳回 B 集团的其他反诉请求。显然，从金额上计算，A 公司是败诉的一方，按照董事长的讲法："A 公司不仅拿不到钱，而且还要付给 B 集团 240 余万元！我上诉到中院，中院又发回重审了。"

紧接着，我们请董事长拿出双方在一审、二审阶段提交的证据。谁知，A 公司提交的证据只有薄薄的一叠，不足一公分厚；B 集团的证据足足有两大本，分为本诉反驳证据与反诉证据，共计 543 页，装订得整齐、清楚。我们当场就判断，A 公司提交的证据是远远不足以证明其诉讼请求和反驳 B 集团的反诉请求的。

笔者开始浏览双方的证据。如此复杂的案件，在原审一审阶段，A 公司竟然只提交了 4 份证据，分别是：(1) 建设工程施工合同；(2) 开工报告；(3) 工程会议纪要（用以证明 A 公司同意工期顺延 165 天，双方约定

---

① A 公司在原审一审的诉讼请求还有：……3. 集团按合同约定项目经理到位率保证金标准支付 A 公司因项目经理及项目管理班子成员不到位的违约金 412500 元；4. 由集团承担本案诉讼费。因这两项诉讼请求与本文的主题没有直接联系，故不具体展开。

② B 集团在原审一审的诉讼请求还有：……3. A 公司支付集团已经完成的建设工程的工程款余额 9574624 元；4. A 公司承担工程款自应付之日起至付清之日止的逾期付款利息的违约责任；5. 反诉费用由 A 公司承担。因这三项诉讼请求与本文的主题没有直接联系，故不具体展开。

工期为540天）；（4）工程项目报价汇总表及其单位工程预（结）算费用计算表、分部分项工程费计算表（用以证明A公司已付款金额及另行委托他方施工的事实）。看着这四份证据，笔者为A公司感到非常遗憾，因为证据实在太欠缺了。我问董事长："根据您对案情的介绍，A公司证明工程延误的证据、证明工程延误原因的证据、B集团造成工程事故的证据、B集团违约的证据、B集团造成A公司其他经济损失的证据、A公司反驳B集团反诉请求的证据……这些证据都没有提交给法院吧？"董事长答不上来，只说是之前程序中没有准备我提到的这些证据。

再看B集团提交的证据。B集团将证据分为两个部分，即本诉反驳证据和反诉证据。本诉反驳证据分为关于工期顺延和窝工、停工情况（内含32份证据），工期顺延情况（内含6份证据）等2组。反诉证据分为工程价款结算（内含12份证据），窝工、停工情况（同本诉证据），窝工、停工损失（内含8份证据），公证书，对账单，工程进度款申请报，退料单等7组。从形式上看，B集团提交的证据充分、翔实，证明内容可谓思路清晰、逻辑顺畅。

将A公司提交的证据与B集团的证据相比较，高下立判。我们向董事长解释："'证据为王'是民事诉讼的铁律。《民事诉讼法》第64条第1款规定：'当事人对自己提出的主张，有责任提供证据。'《最高人民法院关于适用〈中华人民共和国民事诉讼法〉的解释》第90条第1款规定：'当事人对自己提出的诉讼请求所依据的事实或者反驳对方诉讼请求所依据的事实，应当提供证据加以证明，但法律另有规定的除外。'这些法律及司法解释规定确立了民事诉讼中一项重要的证据原则——谁主张，谁举证。A公司在原审一审中并没有充分举证，所以请先不要对区法院的一审判决感到不服。市中院经过审理，认为区法院认定的基本事实不清，于是发回重审，这是给我们的一个机会，未必是坏事。只有证据齐全、有力，才能为案件奠定良好的诉讼基础。在接下去的诉讼阶段，我们要努力寻找证据，供法院依法查明事实。”我们向董事长建议，办理本案的关键在于进一步收集有利于A公司的证据材料，否则重新审理本案的区法院依然难以支持A公司的诉讼请求。董事长同意我们的观点。董事长说：“区法院通知我们在9月1日前就要提交重审一审的证据。”笔者和胡律师预判，取证的工作量极大，时间非常紧迫了。

确定诉讼思路　全面深入取证

就在我们准备着手取证时，董事长问我们：“这栋楼已经结顶了，质量应该是过关的，A公司能不能启用这栋楼?”

我们说：“不可以，根据《城市房地产管理法》第27条第2款的规定，房地产开发项目竣工，经验收合格后，方可交付使用，所以大楼在没有办理竣工验收的手续时是不能使用的。”

董事长急了：“这栋楼的建造耽误了十多年啊，这是黄金地段啊，十年间，A公司的租金损失都好几个亿了！而且，B集团多次派人跟我说，只要我放弃诉讼，就办理竣工验收，否则不办。我是绝不同意的!”

我们一听，也为A公司感到惋惜，因为这栋楼确实地处市区的黄金地段，如果用于出租，租金收益必定可观。同时我们也对B集团办理竣工验收的态度感到诧异。我们当即建议，本案重审一审时，原告可以变更诉讼请求，但本案的审理应该会耗时很久，必定会有二审、再审程序，为了不耽误大楼的竣工验收和交付使用，我们建议A公司在应对建设工程施工合同纠纷重审一审案（以下简称本案）的同时，立即向区法院再重新提起一个诉讼（以下简称竣工验收案），A公司在竣工验收案中的诉讼请求应是：

（1）B 集团交付大楼工程竣工验收及备案验收所需的一切相关资料；（2）B集团履行办理大楼工程竣工验收及验收备案配合协助义务。董事长当场表示同意我们的意见。

接下来我们要确定本案的诉讼请求。因我们当时对大楼建造时的情况一无所知，所以我们决定，一边启动竣工验收案的诉讼，一边深入 A 公司，调取与案情有关的证据，待证据收集工作做得较为成熟后再确定本案重审一审的诉讼请求。

证据的调取工作十分艰辛。从 2014 年 8 月起，我在 A 公司驻点了大半个月。

首先，我逐一询问 A 公司内所有参与过大楼工程的工作人员，并同时请工作人员提供证据材料。这项工作持续了一周，我一共询问了 13 位工作人员，收集到了 32 份证据材料。

其次，我赴监理单位、设计单位和供货单位等外部单位，询问知情的工作人员。在与 A 公司外部人员沟通时，我每接触到一些重要事实，就第一时间与 A 公司工作人员确认，并请他们提供证据。在不断往返于 A 公司与外部单位之间的过程中，笔者想起邹碧华法官生前写过的一段话：

“人类对已经发生过的事件，或者说对时过境迁的事件，只能通过对与该事件相关的事实的认识来进行。案件事实就像是一面打碎了的镜子。在法庭上证明案件事实，就相当于把这面镜子拼起来。如果当场就把这面镜子的碎片捡起来，则拼起来的可能性就会比较大；如果当场丢失了部分碎片，则拼起来就不会太全面；如果过了几天再到马路上收拾碎片，那能够找到的碎片就极其有限了，能够拼起来的可能性就微乎其微了。在现实生活中，事情也确实如此，有些事件发生的时候，既没有旁观的人，也没有录音录像，要想把历史上已经发生过的事实‘恢复’起来，无异于拼接那面‘打碎的镜子’。”[①]的确，时过境迁是法庭和律师的天然敌人，对此我深有体会。[②]

代理民事案件，最核心的工作之一即是寻找事实。这个“事实”，不仅指法律真实，还要最大限度地接近客观真实。[③] 大楼建造的时间跨度长达十余年，在这个漫长的过程中，不仅一些关键材料会因保管不善而遗失，甚至一些重要工作人员都已离职多年。这些客观的不利情况给我的调查取证工作带来了极大的困难。当我试图把从各方收集来的证据进行系统性梳理时，发现材料还是很有限，无法勾勒（更遑论“还原”）出大楼建造的整个过程，例如，竟然没有一份材料能够反映大楼自 2008 年至 2010 年这两年的施工过程。我只得另辟蹊径，找寻一个最能够充分接触资料的办法。

最后，在对原审一审阶段对方提交的证据作了较为透彻的研究后，经 A 公司允许，我进入尘封已久的档案室。这即是最后一个取证的办法。我将档案室里所有与大楼工程有关的材料全部仔细地浏览了一遍。可惜，档案室搬迁了多次，不少资料遗失了，还有一些资料仅存备复印件。我只得面对现实，针对 B 集团之前已提供的证据进行有针对性的补证。

半个月后，取证工作初步完成，我们与董事长商定，将重审一审的主要诉讼请求确定为：（1）B 集团支付工程延误的违约金 1380 万元；（2）B

---

① 邹碧华：《要件审判九步法》，法律出版社 2010 年版，第 147 页。

② 还有学者指出，法律以及作为法律代表的法官对事实的恐惧从没有停止过，尽管法律所设定的众多程序规则本身正是为发现事实真相而作出的努力。在当事人对事实无可争议的时候，法律自会对当事人之间的是非作出判断，但是在当事人对事实本身有争议的时候，就会存在用尽了法律手段仍无法确定事实真相的情形。参见霍海红：《证明责任的法理与技术》，北京大学出版社 2018 年版，第 224 页。

③ 何帆：《实现更高层次“寻找事实、寻找法律”，需做这 5 件事》，载“法影斑斓”微信公众号，2019 年 11 月 11 日。

集团赔偿因其拒不配合竣工验收所致A公司损失3127万元。[①] 我们在本案重审一审阶段再次提出违约金和经济损失的诉讼请求，最主要的理由是，大楼工程延迟交付的原因在于B集团，B集团不仅在施工过程中存在多处违约行为，而且至今拒不配合竣工验收。根据诉讼请求，我们想将待证明的事实清楚、明确地反映在证据清单内，方便法院和对方知晓我们的主张。经过几轮修改，2014年9月，我们正式向法院提交变更诉讼请求申请书[②]和有关证据。

按思路示证据　证明B集团违约

在本案重审一审、二审中，法院均将大楼工程延误的违约责任认定作为审理焦点之一（也是最重要的审理焦点）。区法院在本案原审一审的判决中没有判定B集团的违约责任，反倒认定A公司对B集团停工、窝工负有一定的违约责任。这也难怪，毕竟在之前的诉讼阶段，A公司没有充分重视有效证据的收集工作，致使法院无法彻底查清案件事实。更为严重的是，法院认定的法律事实与客观事实存在极大的出入，导致A公司不服裁判结果，双方当事人之间的积怨不断加深，乃至发展成“水火不容”“不共戴天”之态，完全丧失了调解的可能性。

事实上，律师在代理以建设工程施工合同纠纷为代表的复杂案件时，重在梳理案件事实，而案件事实完全依赖于证据证明。可见，调查取证是

① A公司在重审一审阶段的诉讼请求还有：……3. B集团按合同约定项目经理到位率保证金标准支付A公司因项目经理及项目管理班子成员不到位的违约金412500元；4. 由B集团承担本案诉讼费。因这两项诉讼请求与本文的主题没有直接联系，故不具体展开。

② 《民事诉讼法》第51条规定：“原告可以放弃或者变更诉讼请求……”所以在本案重审一审阶段，我们在《变更诉讼请求申请书》中载明A公司变更后的诉讼请求。

律师执业的基本功。

经过前期的不懈努力，在此次重审一审中，我们向区法院提交的本诉证据如下（见表 14－1）：

表 14－1　A 公司在本案重审一审阶段提交的本诉证据清单

分组	证据编号、名称		形成时间	证明内容
第一组：合同文本	1	建设工程施工合同	2005. 11	双方订立了建设工程施工合同。
	2	房屋建筑工程质量保修书	2005. 11	
第二组：质量问题	3	监理工程师通知单	2006. 4. 17	质量问题一：B 集团施工中的围护桩钢筋笼箍筋间距不符合设计要求。
	4	关于工程施工的有关问题会议纪要	2006. 4. 26	
	5	某岩土工程科技开发有限公司设计联系单	2006. 8. 11	质量问题二：集团的不当施工使施工现场的西面侧向变形加剧。
	6	某岩土工程科技开发有限公司设计联系单	2006. 8. 30	
	7	B 集团工作联系单［乙（技）007 号］	2006. 8. 9	质量问题三：B 集团的不当施工造成 A 公司老大楼入口门厅旁一间耳房出现不均匀沉降。
	8	B 集团工作联系单［乙（技）016 号］	2006. 9. 18	质量问题四：B 集团施工造成部分桩位偏差超出规范要求。
	9	B 集团工作联系单［乙（技）017 号］	2006. 10. 10	
	10	停工令	2007. 7. 16	质量问题五：B 集团施工造成柱子出现严重质量问题，最终酿成质量事故，使大楼工程被逼停工、制作处理方案。该质量事故耗时长达八个月。
	11	大面积多数量柱子出现严重缺陷问题的专题会议纪要	2007. 7. 17	
	12	关于大楼项目大面积柱子出现严重施工质量的函	2007. 7. 29	
	13	关于柱子检测处理的专题会议二会议纪要	2007. 7. 26	
	14	紧急通知	2007. 8. 9	

续表

分组	证据编号、名称		形成时间	证明内容
	15	大楼芯检法混凝土强度检测报告	2007. 7. 25	
	16	如何处理混凝土质量问题专题会议纪要	2007. 8. 27	
	17	关于大楼工程柱子严重质量问题的报告	2007. 8. 24	
	18	混凝土质量事故原因分析专题会议纪要	2007. 8. 30	
	19	大楼部分框架柱返工重做处理方案	2007. 9. 6	
	20	邵某某对处理方案的几点意见	2007. 9. 29	
	21	质量事故处理方案专家论证专题会议纪要	2007. 9. 20	
	22	大楼部分框架柱返工重做处理方案若干补充意见	2007. 9. 30	
	23	大楼部分框架柱返工重做处理方案（第二版）的若干意见	2007. 9. 30	
	24	大楼人员调整报告	2007. 10. 2	
	25	大楼工程项目部管理人员奖惩制度	2007. 10. 12	
	26	大楼质量事故处理方案专家论证会议纪要	2007. 10. 16	
	27	关于大楼重大质量问题的认识和打算	2007. 10. 16	
	28	修补复工报告	2007. 10. 17	
	29	关于大楼框架柱包钢及碳纤维加固的函	2008. 1. 11	
	30	大楼修补验收报告	2008. 3. 13	
	31	大楼工程关于部分柱子返工重做的报告	2008. 3. 14	
	32	大楼工程关于部分柱子返工重做的验收会议纪要	2008. 3. 13	

续表

分组	证据编号、名称		形成时间	证明内容
	33	大楼四层楼板裂缝修补方案	2007. 10. 7	质量问题六：B集团不当施工造成楼板出现裂缝、混凝土需要进行修补。
	34	大楼混凝土修补方案	2007. 10. 7	
第三组：其他违约行为	35	整改通知	2007. 8. 23	其他违约行为一：擅自对混凝土蜂窝、麻面进行修补。
	36	工程暂停令（编号001）	2008. 5. 20	其他违约行为二：在未取得混凝土浇捣令、钢筋隐检许可、且无监理在场的情况下进行浇捣。
	37	规划建设工程批后管理跟踪表	2008. 10. 24	其他违约行为三：擅自停工。
	38	催告函	2009. 9. 10	
	39	尽快恢复施工的函	2009. 12. 7	
	40	关于尽速恢复施工的监理通知	2009. 12. 11	
	41	大楼改善通知函	2010. 11. 8	
	42	公证书［（2009）×证民字第5542号］	2010. 12. 16	
	43	公证书［（2009）×证民字第5543号］		
	44	公证书［（2009）×证民字第5482号］		
	45	公证书［（2009）×证民字第5483号］		
	46	公证书［（2009）×证民字第5665号］		
	47	工程联系函	2011. 1. 29	
	48	关于大楼砌筑工程的函	2011. 7. 21	
	49	关于大楼涉消防、装饰、电梯等未完工程的函	2011. 12. 3	

续表

分组	证据编号、名称		形成时间	证明内容
第四组：材料计划	50	钢筋材料进场计划	2007. 5. 7—2009. 6. 20	不按照约定时间上报材料计划，致使材料供应有所延误。
	51	砌体材料采购申请单		
第五组：租金损失	52	收款证明	2014. 8. 31	由于B集团的原因，涉案工程未能及时竣工，使A公司租用其他办公场地产生租金；同时，因涉案工程无法租赁他用，也产生相应的租金损失。
	53	房屋租赁合同	2008. 4. 30	
	54	房屋租赁合同	2010. 4. 30	
	55	A公司租金支出明细、付款凭证		

通过这份证据清单，我们要证明：由于B集团在施工过程中未把好质量关，导致质量问题频发；且B集团未遵守《建设工程施工合同》的有关约定，致使施工管理混乱，工程进度推进不力。因此，案涉工程未按期完工应完全归责于B集团。

（一）B集团在施工过程中屡次出现重大质量问题

1. B集团施工中的围护桩钢筋笼箍筋间距不符合设计要求。根据A公司本诉第二组证据中的证据3、证据4，B集团在开工后两个月内已将施工进度拖后较多，对于围护桩钢筋笼发现箍筋间距不符合设计要求的问题，B集团却拒绝处理并拒不接受A公司发出的罚款联系单。B集团不仅未能履行合同所约定的义务，甚至对建设单位、监理单位提出的改正要求置之不理。

2. B集团的不当施工使基坑施工现场的西面侧向变形加剧。根据A公司本诉第二组证据中的证据5、证据6，由于B集团的不当施工，使施工现场的西面侧向变形加剧。

3. B 集团的不当施工造成 A 公司老大楼入口门厅旁一间耳房出现不均匀沉降。根据 A 公司本诉第二组证据中的证据 7，由于 B 集团的施工原因，A 公司老大楼入口门厅旁一间耳房出现不均匀沉降，需要加以保护。

4. B 集团施工造成部分桩位偏差超出规范要求。根据 A 公司本诉第二组证据中的证据 8、证据 9，2006 年 9 月、10 月，由于 B 集团的施工原因，案涉工程存在部分桩位偏差超出规范要求的情况，需要加以处理以及确认加固。根据 A 公司反诉反驳证据 1（详见下文），2007 年 3 月 6 日，B 集团明确表示对桩基工程的不规范进行改正。彼时距离发现问题已有约六个月了，B 集团处理桩偏位问题的进度相当缓慢。

5. B 集团施工造成柱子出现严重质量问题，处理该问题耗时长达八个月。根据 A 公司本诉第二组证据中的证据 10 至证据 32，2007 年 7 月，B 集团施工的柱子出现了严重的质量问题。经过 A 公司、B 集团、监理单位的质量检查，B 集团仍未采取相应行动。A 公司于 2007 年 7 月 20 日要求 B 集团找出责任和原因（见证据 12）。B 集团于 2007 年 8 月 24 日向 A 公司出具《关于大楼工程柱子严重质量问题的报告》（见证据 17），承认出现事故的原因在于 B 集团在管理和施工工艺上存在严重问题，项目管理人员严重失职。[①] 之后，B 集团于 2007 年 10 月 2 日出具《大楼人员调整报告》（见证据 24）中，其写明向 A 公司“表示深深的歉意”，并写道：“后续工作不再出现同类问题，同时，也给工程项目部一次救赎的机会……并承诺按此名单的人员列位，若有违反、甘愿受罚。”B 集团任命的项目经

---

① 在《关于大楼工程柱子严重质量问题的报告》中，集团承认错误：“我们认识到项目部管理存在严重缺陷，项目部管理人员的素质偏低，施工管理的责任心不强。”为此，集团明确表示：“我方已向砼公司发函，通告此次事故的严重性，并要求他们查清原因、查清责任、提出整改措施，确保后续砼的质量。对项目部分公司的相关人员提出严厉的批评，并同时决定对项目经理处以扣除一年绩效奖金，施工员扣除六个月绩效奖金，材料员扣除三个月绩效奖金。分公司质安科长扣除三个月绩效奖金。”

理也于2007年10月16日写了一份《关于大楼重大质量问题的认识和打算》（见证据27），他对自己在大楼建设过程中所犯之错作出了深刻检讨。[①] 然而，直到2008年3月，B集团才修补完毕。此时距离柱子严重质量问题被发现已有近九个月了。

6. B集团的不当施工造成楼板出现裂缝、混凝土需要进行修补。根据《大楼四层楼板裂缝修补方案》（见证据33）、《大楼混凝土修补方案》（见证据34），2007年10月，B集团的不当施工造成楼板出现裂缝、混凝土需要修补。

由此，B集团在大楼工程施工过程中出现质量问题的时间与具体内容可简略归纳为表14－2：

表14－2　B集团在大楼工程施工过程中出现的质量问题

时　　间	质量问题概述
2006年4月	围护桩箍筋间距不符合设计要求
2006年8月	A公司老楼耳房沉降
2006年8月	基坑底部侧向变形
2006年9月—2007年3月	部分桩位偏差超出规范要求
2007年7月—2008年3月	柱子严重质量问题
2007年10月	裂缝、混凝土质量问题

① 项目经理在这份检讨书性质的《关于大楼重大质量问题的认识和打算》的开篇写道："2007年7月15日，恰似晴天响起了一声霹雷，我所主管的大楼停工了。而停工又是本行业最忌讳同时又是最重视的质量问题。羞愧、耻辱、悔恨交织在一起，涤荡着内心的灵魂。见惯了大风大浪，驰骋过大江大河，真没想到在本工程上搁浅。彷徨、迷茫和无助再一次侵袭而来，在机械、麻木的渡过了三个月后，我似乎看清隐藏的自我，胆小、懦弱经不起坎坷，只懂得顺风行驶的家伙！难道就这样沉沦下去，万劫不复吗？'不！'内心，一个哈姆雷特式悲怆的声音响起，你应该像过去一样，精神抖擞的驾驶生命的马车前进！"

之后，项目经理从五个方面检讨发生此次质量事故的原因：（1）思想认识不足，自身责任心不强；（2）相应分管人员责任不到位；（3）施工工艺掌握不好；（4）班组交底针对性不强；（5）材料预控性不强。

最后，项目经理写道："本工程质量问题的发生不是偶然的，是自己管理不到位的一种体现，是一种必然。"

在开庭的举证环节，我们列举上述最具证明力的证据，以证明施工过程中屡次出现重大质量问题的责任完全在于B集团，继而造成工期被大大拖延。

（二）B集团多次罔顾合同约定与作业规范，擅自施工，甚至停工

1. B集团擅自对混凝土蜂窝、麻面进行了修补。根据《整改通知》（见证据35），2007年8月，A公司曾多次要求B集团不得擅自对混凝土蜂窝、麻面进行修补，但是B集团对A公司的多次要求置之不理，仍擅自对混凝土蜂窝、麻面进行了修补。

2. B集团在未取得混凝土浇捣令、钢筋隐检许可且无监理在场的情况下进行浇捣。根据《工程暂停令（编号001）》（见证据36）所示，2008年5月，B集团在未取得混凝土浇捣令、钢筋隐检许可且无监理在场的情况下完成了七层混凝土的浇捣，监理认定其“违反了有关建设程序和合同的要求”。

3. B集团擅自停止施工。根据证据37至证据49所示，B集团在施工的不同部分均存在擅自停止施工的情形，包括有擅自停止砌筑工程，擅自停止消防、装饰、电梯的相关施工作业等。

（三）B集团未按合同约定的预留期限上报材料计划，造成A公司提供材料不及时

本案原审一审时，B集团曾抗辩，是因为A公司提供材料不及时，才造成大楼工程的工期延误。在重审一审时，B集团仍以该理由作为抗辩。对此，我们提供了本诉第四份证据。根据《建设工程施工合同》第7.4条的约定，乙方（即B集团）在施工全过程中，对甲供材料应提前20天上报材料供应计划。然而，根据《钢筋材料进场计划》（见证据50）、《砌体

材料采购申请单》（见证据51）所示，B集团完全没有按照合同约定的预留期限上报材料计划，在距离材料入场仅有二至三天的时候通知A公司提供材料。显然，提供材料不及时是B集团造成的，而非A公司在刻意拖延提供时间。

（四）反驳B集团所提因A公司的原因导致工期延误的主张

B集团在反诉中提出是因A公司工程进度款支付不及时、擅自变更监理单位、擅自变更设计单位及设计方案，致使工期延误，并造成B集团A公司停工、窝工。因此B集团要求A公司赔偿其停工、窝工损失。针对B集团的这一反诉请求，我们的主要答辩思路是，只要能够证明工期延误的责任在于B集团，A公司自然也就不可能造成B集团停工、窝工；即使停工、窝工的情况确实存在，责任也不会在A公司一方。

据此，在本诉证据的基础上，我们针对B集团的反诉请求及反诉证据再向区法院提交了以下反驳证据（见表14－3）：

表14－3　A公司在本案重审一审阶段提交的反诉反驳证据清单

分组	证据编号、名称		形成时间	证明内容
第一组：关于工期的确定	1	大楼工程会议纪要	2007.3.6	A公司及时推进工程进度，并无延误工期的情况存在。延误工期的原因在于B集团。B集团于2010年6月即提出结构验收申请，但一直怠于提出竣工验收申请。
	2	B集团工作联系单［乙字（签）042号］	2007.3.18	
	3	B集团工作联系单［乙字（签）044号］	2008.9.3	
	4	报验申请表	2008.3.5—2008.9.24	
	5	结构验收申报表	2010.6.5	
	6	大楼工程中间结构验收报告	2010.12.9	
	7	大楼中间结构验收监理总结报告	2010.12.15	

续表

分组	证据编号、名称		形成时间	证明内容
第二组：关于工程进度款支付	8	进度款支付情况表	2006. 3. 23—2011. 1. 27	A 公司一直按时支付 B 集团申请的进度款，并无拖延。
	9	月建筑工程（预）算书及工程款支付申请表	2006. 3. 13—2011. 1. 25	
第三组：关于更换监理单位	10	混凝土质量事故原因分析专题会议纪要	2007. 8. 30	A 公司更换监理单位是因为原监理单位没有履行相应的职责，并非擅自无理更换。
	11	致浙江质安建筑监理有限公司的函	2007. 12. 18	
	12	大楼监理委托合同	2008. 1. 21	
	13	解除合同协议书	2008. 3. 6	
第四组：关于更换设计单位	14	建设工程设计合同（一）	2007. 5. 28	A 公司更换设计单位并非擅自无理更换，且图纸交付并未影响 B 集团的施工进度。
	15	解除合同协议书	2007. 6. 28	
	16	建设工程设计合同（二）	2010. 11. 12	

根据上述证据，我们认为，B 集团的这些主张没有事实依据。在此主要对重审一审、二审审理时争议较大的“A 公司是否擅自变更监理单位”和“A 公司是否擅自变更设计单位及设计方案”的抗辩思路进行介绍。

1. A 公司确实两次变更设计单位，但均事出有因，是协商变更，不是擅自变更，且变更未对工期造成实质性影响

A 公司的确更换了两次设计单位。第一次变更设计单位（协商解除）的时间是 2007 年 5 月 28 日，设计单位由某建筑设计研究院变更为 YJ 建筑设计研究有限 A 公司，变更的原因是某建筑设计研究院的主要设计人员怀孕了。

第二次变更设计单位的时间是 2010 年 11 月 12 日，由 YJ 建筑设计研究有限 A 公司变更为 HC 建筑设计有限 A 公司，变更的原因有两个：一是因为 YJ 建筑设计研究有限 A 公司认为工期拖延得过长；二是因为 A 公司

有一笔15万元的设计费支付给了YJ建筑设计研究有限A公司的相关设计人员，但YJ建筑设计研究有限A公司对此不承认，双方就此产生矛盾，进而协商解除了合同。

但是这两次变更，并没有对施工进度造成实质性的影响。具体而言：

第一，第一次的变更是在2007年5月，但A公司在2006年1月、2月时就已将所有施工图交给了B集团（详见一审补充证据12①），截至2007年5月28日，B集团的施工虽然出现了一些质量问题，但并未停工，直至2007年6月工程出现了重大质量问题，B集团才停止施工。

第二，第二次的变更发生在2010年11月，这个时候案涉工程的主体工程已经完工，B集团仅是配合A公司做了主体结构的验收（详见一审补充证据5、证据8），所以该次变更设计，无疑是不会影响B集团施工的。

2. A公司不存在因多次擅自变更设计方案而影响工期的情形

B集团认为A公司在其施工期间没有经过设计单位确认而擅自变更大楼的设计方案，变更以后又无法提供变更后的图纸，从而造成工程难以施工。我们在开庭讲到，B集团的这一说法完全是夸大其词、无中生有。

第一，根据B集团提供的本诉反驳证据（《某市建设工程质量安全监督总站限期整改单》），某市质监站发出了整改通知，让A公司给图纸办理报批手续。整改通知的落款时间是2007年12月4日，该通知要求对工程重大质量事故发生以后所修改的图纸进行报批，所以该次设计方案变更并非A公司的原因。

第二，B集团认为大楼工程5层以上的结构图发生变更，但A公司没有及时提供设计图纸。然而，B集团自己提供的证据里已经表明A公司于

① 在之后的诉讼阶段，我们还陆续提交了一些本诉补强证据和反驳证据。本案证据的基本思路大致如表14-1、表14-3所示。通过两张证据清单，读者大致可以看出A公司所提诉讼请求所依据的事实与理由。

2008 年 4 月将设计图纸交予 B 集团，且未影响 B 集团施工，证明 A 公司已向 B 集团交付了施工所需的设计资料。否则，B 集团怎么会在 2008 年 7 月申请 6 月的工程进度款。在 2008 年 8 月又申请了 7 月的工程进度款（见反诉反驳证据 8、证据 9）。事实上，只有 A 公司交付了图纸，B 集团才能施工。可见，B 集团以 A 公司未交付 5 层以上设计图纸为由将工程延期的责任推卸给 A 公司，是完全站不住脚的。

3. A 公司确实变更了监理单位，但原因是前监理单位监督不力，且是协商变更，不是擅自变更，同时，该次变更未对工期造成实质性影响

监理单位的变更是在 2008 年 1 月，由 ZA 建筑监理有限 A 公司变更为 HD 工程监理有限 A 公司。变更的原因是 2007 年 6 月后工程出现了重大质量事故，ZA 建筑监理有限 A 公司作为监理单位，现场监督不力，难辞其咎。但是，大楼工程从 2007 年 7 月开始停工，且没有进行新的工程施工，一直到 2008 年 3 月、4 月，B 集团一直在对原来工程的重大质量问题进行修复，没有进行新的施工，所以不会对工期产生实质性的影响。而且若这一阶段仍不更换监理 A 公司，显然不符合业界常理。

最终，就工期延误的责任认定，市中院在重审二审判决中依照法律事实作出认定：“对于工期延误的原因，B 集团诉称系 A 公司的原因所造成，但根据 B 集团在原审诉讼中提交的联系单等证据，A 公司存在的因供应原材料不及时等情形而导致涉案工程延误工期的时间远少于 B 集团延误的工期时间。”针对 B 集团主张的停工、窝工损失，市中院认为：“B 集团另诉请判令 A 公司承担其停工、窝工的损失，但 B 集团不能提交确凿证据证实因 A 公司的原因导致工期顺延给其造成的停工、窝工的实际损失的数额，依法应自担举证不能的不利后果。”应该说，法院之所以作出这两项认定，与我们提供了一系列扎实、充分的证据有密切的关系。此时，相比之下，B 集团提供的证据就显得薄弱了。

另案启动鉴定　改变本案走向

本案与竣工验收案一同进行诉讼。在办理竣工验收案时，我们向 A 公司建议，应当提交一份工程质量鉴定报告，用以证明大楼工程质量已符合竣工验收的条件。A 公司遂委托某建设工程质量检验站有限公司对大楼的工程质量进行鉴定。

意想不到的事情发生了。2014 年年底，某建设工程质量检验站有限公司在其作出的《大楼工程质量检测鉴定报告》“7　检测鉴定结论及建议”部分写明：“7. 1　部分楼层柱混凝土强度等级不满足设计要求，为保证结构安全，应对该部分柱采取加固处理措施。7. 2　综合以上检测鉴定结果，当前阶段大楼不能满足安全使用要求。”也就是说，B 集团作为一家具有施工总承包特级资质的企业，其为 A 公司建造的大楼竟然是个质量不合格的工程！这是此前我们万万没有想到的。A 公司上下所有员工义愤填膺，大家殷切地希望我们律师能为 A 公司讨回公道。

B 集团当然不认可这份由 A 公司单方委托鉴定作出的《大楼工程质量检测鉴定报告》，经 A 公司申请，区法院委托某建设工程检测有限公司就大楼工程的施工质量进行司法鉴定。经过半年的鉴定，2015 年 7 月，某建设工程检测有限公司出具了《司法鉴定报告》，其在“八、司法鉴定结论”中写明：“8. 3　涉案大楼主体结构 3 层、8 层、15 层墙、柱构件和 2 层梁构件混凝土强度等级低于设计要求。8. 4　剪力墙钢筋间距合格率不满足设计及规范要求。8. 6　涉案大楼主体结构现浇板厚合格率不满足设计及规范要求。8. 7　涉案大楼主体结构混凝土柱、墙、梁钢筋保护层厚度合格率均不满足设计及规范要求。8. 8　涉案大楼主体结构部分梁、板、柱构件局部存在露筋锈蚀、裂缝等现象。”我们认为，这份鉴定报告已充分验证了大楼工程质量不合格的客观事实，这已构成两案（即竣工验收案和本案）重大的法律事实。

据此，我们在竣工验收案中向区法院申请增加一项诉讼请求（即第三项诉讼请求）：B 集团修复其在大楼工程施工过程中存在的质量问题或者支付相应的质量整改费用（以鉴定为准）。法院同意我们的申请，并委托某规划建筑设计研究院有限公司对大楼主体工程存在的施工质量问题提出修复整改方案并计算修复整改需要的费用。之后，A 公司开始对大楼进行新一轮的大规模修复。由于 B 集团的原因导致大楼迟迟不能投入使用，A 公司上下愤慨不已。

毋庸置疑，大楼工程存在严重质量问题这一重大事实将彻底改变本案的基本走向——原审一审、二审均未查出大楼工程存在质量问题，现竣工验收案中查出的这一事实，不仅充分证明了大楼工程至今都不具备交付条件，也有力地证明了 B 集团一方的“违约性”。由此，A 公司在本案第二项诉讼请求（即“B 集团赔偿因其拒不配合竣工验收所致 A 公司损失 3127 万元”）已实质性地调整为“请求 B 集团赔偿因未按期竣工验收的违约行为给 A 公司造成的损失 3127 万元”。自此可以认定，B 集团不仅在主观上拒不配合竣工验收，而且从客观上讲更是根本不具备竣工验收的条件。

略有些遗憾的是，当竣工验收案中两份工程质量鉴定报告作出时，重审一审早已结束，区法院在大楼工期延误的违约责任认定上，只是“各打五十大板”，未判定 B 集团应付主要违约责任，A 公司对此不服，向市中院上诉。重审二审阶段，我们将两份质量鉴定报告作为补充证据提交给市中院。果然，从审理结果来看，这两份鉴定报告对市中院认定 B 集团应承担工期延误的主要违约责任起到了关键作用。市中院在重审二审判决书中认定：“现生效判决（即竣工验收案的判决——笔者注）已认定案涉工程因整改致竣工验收并未完成，且案涉主体工程结构部分存在质量问题，A公司依法有权要求B集团在合理期限内修理或者返工、改建，故B集团应据此承担工期延误的违约责任。”

评估租金损失　测算A公司损失

在本案重审一审阶段，A公司的一项诉讼请求是B集团赔偿因其拒不配合竣工验收所致A公司损失3127万元。当时，3127万元这笔损失的计算依据是因B集团的违约行为致使大楼工期延误逾六年半（从约定的竣工日2008年1月22日至重审一审阶段A公司提交《变更诉讼请求申请书》是2014年9月1日，共延误了2414天）给A公司造成的经济损失共计1.3127亿元，具体包括：1. 因A公司租用其他办公场地产生的租金计2264万元；2. 因未能竣工导致大楼无法租赁他用产生的租金损失10863万元（可供租赁他用面积1.5万平方米，按每平方米每日租金3元计算①）。但鉴于本案的实际情况，② 加上A公司一时也付不出高昂的诉讼费，所以董事长“忍痛”降了1亿元，仅向B集团追偿该项经济损失3127万元。不得不说，在当时的情况下，这是万般无奈下的妥协。

虽然我们无法非常精准地测算这2414天里A公司因无法实际使用大楼所造成的损失，但显而易见的是，大楼地处市区的黄金地段，地理位置优越，却在十多年的时间里处于荒废的状态，成为远近闻名的“烂尾楼”，

---

① 关于预期租金损失的计算，解释如下：1. 大楼建筑面积为2.5万平方米，其中1万平方米是A公司自用，作为办公场所，另外的1.5万平方米用于出租；2. 附近写字楼的租金价格约在每平方米每日租金3元至4.5元不等，我们在此用3元的标准计算。

② 主要是考虑法院未必会支持如此之高的损失赔偿金。

这不仅是A公司的损失，更是给整个社会造成了重大的优质资源浪费。

在本案重审二审期间，我们希望获得一个权威、可靠的租金损失数字，以期为法院作出判决提供一个参考依据，于是特向市中院申请评估大楼的租金。市中院同意我们的申请，委托某房产评估有限公司作出《房地产估价报告书》，其载明，从约定的竣工日2008年1月22日至评估的截止日2017年3月7日，大楼的租金估价为1.8577亿元。①

庭审时，我们还提醒合议庭注意一点，该市的地铁从2012年3月开始兴建，有一处地铁站（2015年6月投入使用）距离大楼仅有500米。但某房产评估有限公司在评估时并没有考虑到地铁交通的便利会提高房产租金的事实。所以，我们反而认为《房地产估价报告书》的估价结果是低于市场行情价格的。但无论如何，1.8577亿元这个数字较重审一审时我们所提的1.3127亿元要可靠得多。

最终，市中院在重审二审判决书中写明，“该鉴定结论可以证实A公司诉称的B集团的违约行为给其造成的实际损失超过约定违约金的主张”。我们的心得是，在严格遵守举证规则的前提下，通过不断地补充证据来推动案件事实认定，有利于A公司的方向发展。

聚焦争点　有理有据

因市中院的二审判决对A公司有利，所以B集团向某省高级人民法院（以下简称省法院）申请再审。为避免陷入不利境地，A公司也“策略性”地申请了再审。后省法院提审了本案。在再审审理阶段，B集团更换了代

① 根据《房地产估价报告书》，即使是按照重审一审的起诉时间来计算，大楼的租金房价也高达13749万元。

理律师，B 集团在《再审申请书》中提出了两个新的观点。

（一）案涉土地是划拨的科研用地，A 公司是否享有获得预期租金损失的权利[①]

B 集团在《再审申请书》中提出：“重审二审判决支持了 A 公司所谓的租金收益损失请求，其实质是变相地以司法判决的形式确认了 A 公司违法将划拨用地未经法定程序用于出租的合法性，变相确认了 A 公司未经同意擅自变更土地划拨用途的合法性，客观上助长了 A 公司及其关联方公然破坏国家土地政策的违法行为!”

对此，我们抗辩的核心观点是，不能以案涉土地（即大楼所处地块）是划拨的科研用地而否认 A 公司享有获得预期租金损失的权利。

第一，2013 年 10 月 18 日之后，案涉地块规划用地性质已变更为“商务设施用地”（B2）。我们向省法院提交了由某市规划局出具的《关于要求明确大楼地块规划用地性质的规划意见》，其明确认定案涉地块规划用地性质为“商务设施用地”（B2）。

第二，2013 年 10 月 18 日之前案涉地块的性质是“行政办公兼科研设计用地”（C1/C65），但是，我国法律并未对科研用地上的建筑物可出租作出禁止性规定。实际上，案涉地块系政府的划拨用地。关于划拨用地能否出租的问题，通过案例检索可知，人民法院未否定在划拨土地上建房并出租的行为。以浙江省高级人民法院作出的（2016）浙民申 4149 号[②]和

---

① 该部分内容参见赵青航：《划拨土地上房屋不禁止出租》，载《中国商报》2020 年 5 月 14 日，第 7 版。

② 浙江省高级人民法院钟解明诉杭州萧山铁路劳动服务公司等土地租赁合同纠纷申请再审民事裁定书［（2016）浙民申 4149 号］。

4150 号[①]民事裁定书为例，两份裁定书认定："根据《城镇国有土地使用权出让和转让暂行条例》《浙江省城镇国有土地使用权出让和转让实施办法》的相关规定，划拨土地并非一律禁止出租。而以后实施的《城市房地产管理法》第五十六条'以营利为目的，房屋所有权人将以划拨方式取得使用权的国有土地上建成的房屋出租的，应当将租金中所含土地收益上缴国家。具体办法由国务院规定'的规定，并没有禁止在划拨土地上建房并出租，而是从行政管理上要求将土地收益上缴国家。"

四川省高级人民法院也认定："《城镇国有土地使用权出让和转让暂行条例》第四十四条规定划拨土地使用权不得出租，但在第四十五条规定了例外的情形，即划拨土地使用权出租须经有关行政部门批准。同时，位阶更高的《城市房地产管理法》第五十六条规定：'以营利为目的，房屋所有权人将以划拨方式取得使用权的国有土地上建成的房屋出租的，应当将租金中所含土地收益上缴国家。具体办法由国务院规定。'以上规定主要是贯彻国有土地有偿使用制度，规范管理国有划拨土地使用权出租的市场行为，而并非禁止国有划拨土地使用权出租。"[②]

所以，A 公司享有获得预期租金损失的权利。同时，我们还举了大楼隔壁一栋写字楼的例子。2006 年 6 月 30 日至 2013 年 10 月 18 日，该写字楼的土地性质也一直是"行政办公兼科研设计用地"（C1/C65），但这并不影响写字楼出租使用。我们查询后得知，截至 2012 年 12 月 20 日，已有 32 家企业租用该写字楼的场地并办公。随着城市化进程的不断推进，案涉地块和该写字楼所处地块的性质于 2013 年 10 月 18 日同时从"行政办公兼

① 浙江省高级人民法院杭州康泰物资有限公司诉杭州萧山铁路劳动服务公司等土地租赁合同纠纷申请再审民事裁定书［（2016）浙民申 4150 号］。

② 四川省高级人民法院彭云与四川星空广播电视基地公司租赁合同纠纷申请再审民事裁定书［（2015）川民申字第 1200 号］。

科研设计用地”（C1/C65）变为了“商务设施用地”（B2）。

省法院认可了我们的观点。

（二）本案中，违约金与赔偿金能否同时并用

B集团在再审时提出了另一个观点，其认为根据《合同法》第113条的规定，[①] 法院不应同时支持A公司所提的违约金和赔偿损失两项诉讼请求。

我们在法庭上就A公司的两个诉讼请求（即要求B集团支付违约金和赔偿因拒不配合竣工验收造成的损失）之间的关系，尤其是两个诉讼请求能否并存的问题，提出以下代理意见：

第一，我们主要参考了由最高人民法院在审理雷彦杰与鞠自全、鞠炳辉股权转让纠纷二审案［（2009）民提字第45号］，以及该案主审法官撰写的一篇案例评析。[②] 主审法官在文章中指出：

“本案当事人在《股权转让协议》中约定了违约金条款，除适用该条款外，是否追究违约方的赔偿责任，取决于如何看待违约金的性质（属于补偿性质还是惩罚性质），以及如何理解合同法第一百一十二条与一百一十三条的规定。

如果认定违约金系惩罚性的合同补救措施，除追究违约责任外，还将要求违约方承担损失赔偿责任。在法理界与审判实务领域，争议不断。最

---

① 《合同法》第113条第1款规定：“当事人一方不履行合同义务或者履行合同义务不符合约定，给对方造成损失的，损失赔偿额应当相当于因违约所造成的损失，包括合同履行后可以获得的利益，但不得超过违反合同一方订立合同时预见到或者应当预见到的因违反合同可能造成的损失。”

② 李京平：《再审程序中恶意违约者约定违约金比例一般不予调整，且违约金与赔偿金可同时并用——雷彦杰与鞠自全、鞠炳辉股权转让纠纷再审案件》，载最高人民法院民事审判第二庭编：《商事审判指导》（2010年第1辑）（总第21辑），人民法院出版社2010年版，第122～139页。

高人民法院的再审判决则从合同法的立法角度，对违约金的性质以及本案裁判依据作出了回答。

合同法第一百一十二条的规定表明，赔偿损失与其他违约责任方式可以并用。也就是说，我国法律实际采纳了违约金系惩罚性的合同补救措施一说。紧接着，合同法第一百一十三条又规定了违约后赔偿的范围，'包括合同履行后可以获得的利益'，这里的'合同履行后可以获得的利益'既包括直接损失，亦包括间接损失。在确定'合同履行后可以获得的利益'时，必须遵从一个原则，即该损失系'不得超过违反合同一方订立合同时预见到或者应当预见到的因违反合同可能造成的损失'，换言之，应当是以违约方可预见为前提。"

我们赞同该最高人民法院主审法官的观点：其一，违约金具有惩罚性的性质；其二，赔偿损失与其他违约责任方式可以并用。

第二，A 公司因 B 集团种种违约行径遭受了巨额损失（包括但不限于 A 公司主张的工期延误违约金 1380 万元，和因 B 集团拒不配合竣工验收给 A 公司造成的损失 3127 万元）。对于这些经济损失，作为具有施工总承包特级资质的 B 集团是完全有经验可以预见到的。况且，市中院酌定的 1500 万元损失无法完全弥补 A 公司的损失。一方面，A 公司在重审一审变更诉讼请求时，在诉状上写明的经济损失是 1. 3127 亿元，该金额既包括了"因违约所造成的损失"，也包括了"合同履行后可以获得的利益"。基于多种原因，A 公司暂向 B 集团追偿经济损失 3127 万元。其实市中院判决的 1500 万元是显著低于 A 公司实际损失的。另一方面，市中院委托评估机构对十年间案涉大楼的租金损失进行评估，评估的结果是市场租金总计 1. 857 亿元。但市中院酌定判决 B 集团赔偿 A 公司 1500 万元，存在悬殊。这既不能填补 A 公司因 B 集团违约所遭受的损失，更没法涵盖《建设工程施工合同》履行后A公司可以获得的利益。[①]

省法院也认可了我们的观点。

历经“三”审　尘埃落定

由本案衍生的竣工验收案较早落下帷幕，区法院于2016年9月判决：

1. B集团于本判决生效之日起十五日内按照国家工程竣工验收有关规定对承包施工的大楼工程向A公司交付规范的竣工验收备案资料，并配合A公司办理大楼工程项下应由其配合完成的相关竣工验收及竣工验收备案事项；

2. B集团于本判决生效之日起十日内支付A公司修复费用约467万元；

3. B集团于本判决生效之日起十五日内支付A公司鉴定费用约42万元。

A公司的诉讼请求全部得到支持，B集团也未上诉。两年后，大楼竣工验收完成，“烂尾”了十多年的大楼终得启用。

2018年6月，市中院作出本案终审判决，判决内容主要为：

1. B集团于本判决生效之日起十日内支付A公司违约金970万元；

2. B集团于本判决生效之日起十日内赔偿A公司损失1500万元。

虽然市中院判决的两项金额都低于A公司在《变更诉讼请求申请书》中请求的金额，[②]但市中院既认定B集团违约，又支持A公司享有获赔的权利，所以A公司服判。

---

① 需要说明的是，我们在庭审时表达市中院判决的损失赔偿金额过低，仅是为了支持我们的法律观点。实际上，A公司一方是服判的。

② 市中院判决的金额远高于区法院在一审判决中所判的金额。

后B集团向省法院申请再审，省法院裁定提审后于2019年10月作出民事判决书，维持市中院的判决。自此，我们的代理工作全部结束，耗时五年半的诉讼战役以A公司的胜利而告终。

民事诉讼的目标在于解决当事人提出的问题。一般而言，需要解决的问题首先由原告在诉状中作为请求提出，被告再对此作出答辩。因此，律师（尤其是原告方的律师）务必要重视诉讼请求的确定，切忌遗漏诉讼请求或重复起诉，这是办好民事案件的关键一步。为了支持自己的请求，接下来，原告需要提出作为理由的事实和能够证明事实的证据，被告则可能在不同的层面作出种种回应。所以，律师要紧紧围绕要件事实①提出证据。被告则作出自认、否认或抗辩三种回应。若被告提出反诉，此时被告的回应就变“防御”为“攻击”态势而回到请求层面，提出与原告请求有关联却能够部分或全部“抵扣、吞并”甚至超出原告请求金额或与之并列的新请求。这时，被告要提出反诉证据。本案就是典型。从动态的角度观察，诉讼程序是在当事人双方之间“你来我往”的这种攻击防御过程中得以不断发展、推进，而案件的实体内容也在此过程中逐渐展开并形成。② 本案的案件事实就是在原审一审、原审二审、重审一审、重审二审和再审的程序中逐渐清晰、明朗的。作为诉讼案件的一种结案方式，判决就是法院对当事人双方在要件事实的层次上存在争议的争点作出孰是孰非的明确判断，并在此基础上以承认或驳回（全部或部分）请求的方式来解决双方之间的纠纷。

---

① 从民商事实体法的角度来看，原告的请求对应于某种法律效果，作为使这种法律效果得以发生的前提或必要条件，法律上一般都规定有若干构成要件。于是，追求某种法律效果发生的原告就有必要提出与能够使该效果发生的要件相对应的事实来作为支持自己请求的理由。这种事实被称为“要件事实”。

② 参见王亚新、陈杭平、刘君博：《中国民事诉讼法重点讲义》，高等教育出版社2017年版，第15~21页。

办案启示

一、“证据为王”是民事诉讼中的铁律

“以事实为根据，以法律为准绳”是法院审理案件的原则。其中，事实的还原与展现离不开证据。当事人主张或者反驳诉讼请求，必须要有事实根据，而事实根据必须要有证据证明，要将诉讼请求、案件事实、证据三者紧密结合。一般情况下，民事诉讼中的举证证明要达到高度盖然性标准。

本案中，由于A公司在原一、二审时并没有充分举证，导致最后的判决结果对A公司不利。吸取原审中原告举证不力的教训，我们在代理重审一审时，全面深入取证，通过完备的证据链，最大限度地使案件事实能够接近客观真实。最终我们通过分组出示证据，证明了B集团违约的行为，维护了A公司的合法权益。

二、注重类案的价值

大陆法系和英美法系的重要区分在于，大陆法系以成文法为主，以法典为法律规则的基本渊源。英美法系则是以判例法为主，以法院之前积累的判例作为法律规则的主要来源。[①] 我国兼采大陆法系和英美法系各自的优势，在注重成文法的同时，也充分发挥类案在审判实践中的作用。

---

① 刘晗：《想点大事——法律是种思维方式》，上海交通大学出版社2020年版，第192页。

为统一裁判尺度，《最高人民法院司法责任制实施意见（试行）》中规定了承办法官在审理案件时要对最高人民法院已经审结或正在审理的类案与关联案件进行全面检索。同时，为解决本级生效裁判之间业已存在的法律适用分歧，最高人民法院还颁布了《关于建立法律适用分歧解决机制的实施办法》。案例在法官审判实践中的作用日益突出，律师在办案过程中也应当注重案例的作用，尤其是最高人民法院的案例。

在办理本案过程中，我们做了大量的案例检索工作，并向某省高院提供了最高人民法院及部分省高院的裁判来佐证我们的法律观点，这对法院最终采纳我们的代理意见发挥了至关重要的作用。

三、律师务必重视鉴定，法院也要注重行使鉴定释明权

《最高人民法院关于民事诉讼证据的若干规定》（2019 年修正）第 30 条专门就鉴定中的释明作出了规定，即“人民法院在审理案件过程中认为待证事实需要通过鉴定意见证明的，应当向当事人释明，并指定提出鉴定申请的期间”。江必新大法官指出，在诉讼过程中，法院要加强释明权的行使，加强对当事人举证的指导，促使当事人能够积极、全面、正确、诚实地行使举证的权利。①

我们在办理本案和竣工验收案时，就是在法官的诉讼指导下，针对大楼是否符合竣工验收条件和十年间大楼租金损失这两个事项申请了鉴定，两份鉴定意见对于案件的结果产生了极大影响。事实上，法官和律师必须充分重视释明的价值，通过法院对当事人的协助，共同完成发现

---

① 详见《最高人民法院关于修改〈关于民事诉讼证据的若干规定〉的决定》新闻发布会，载 http：//www. court. gov. cn/zixun – zhuanti – aHR0cHM6Ly93d3cuY2hpbmFjb3VydC5vcmcvYXJ0aWNsZS9zdWJqZWN0ZGV0YWlsL2lkL016QXdOTWl4TUlBQkFBPT0uc2h0bWw. html。

真实、充实审理、妥当裁判的目标，从而确保当事人对裁判结果的理解与接纳。

四、深度钻研行业知识

本案的办案难点之一在于，案件涉及大量与建设工程相关的专业知识，律师若对该领域知之甚少，则很可能在证据收集阶段就束手无策了。为防止该案办理过程中出现技术性偏差，代理律师还专门去高等院校旁听了相关专业课程，并向建设工作方面的专家请教，这为案件后续顺利地推进打下了坚实的基础。

事实上，在法律服务日益精细化的今天，律师若想在某一专业领域（如互联网、医疗、知识产权等领域）不断深耕，就不能故步自封，要积极、不懈地跨领域学习，并将行业知识与法律技能相融合，这样才能在办案过程中最大限度避免因不了解行业知识而导致办案思维的狭隘或偏差。

临危受命有理有据有效辩护　终获认可过半事实被判无罪

——记一起涉黑刑事案件的有效辩护

王　楠[1]

1 王　楠，权益合伙人，杭州市律师协会刑法专业委员会秘书长，wn@ zjblf. com

在中央为期三年的扫黑除恶专项斗争浪潮中，没有经历过涉黑案件洗礼的刑事律师不是一个完美的刑事律师。

2018 年 11 月 13 日，笔者和张孝威律师接受委托担任一起涉黑刑事案件第一被告人的辩护人。彼时案件已经起诉到法院，27 名被告人涉嫌组织、领导黑社会性质组织罪等 6 项罪名，共有 100 笔犯罪事实，案卷多达 69 册，而距离开庭不足一个月。面对扫黑除恶专项斗争开展以来自己受托的第一个涉黑案件，既有接受挑战的兴奋，也感到了肩上沉甸甸的责任。

“沉重”的委托：56 页起诉书
6 个罪名 100 笔指控事实

被告人江某系安徽人，自幼外出到浙江打工，从事不锈钢栏杆扶手和门窗的制作、焊接、安装工作。经过十多年的打拼，江某终于自立门户，有了自己的门店，他也从家乡招募了一批同乡，为其打工。江某的业务模式主要是：通过业务员走村串乡，向农村居民推销不锈钢栏杆扶手，业务员谈定样式、价格后，由安装工制作好栏杆扶手上门安装，安装完成后，业务员再带老板上门测量、结账。由于该行业竞争激烈，业务员为了争取到客户，通常会将价格报低，先把客户揽进来。但到了结算环节，由于结算价格高于客户预期，容易出现纠纷。通常，双方往往会各让一步，协商结账，最终了结纠纷。

渐渐地，江某等人发现这种模式不失为一种承揽业务的好方法，因此在雇员中予以推广。久而久之，就形成了检察院所认定的“套路”，即先由业务员低价承揽业务，然后安装工上门为客户安装豪华款栏杆扶手，待老板结账时将栏杆上球、花的价格算到几十元甚至上百元，以弥补业务员的低报价和抬高结算总价。如客户因此与江某争执，江某就假装因业务员报错价格而打骂业务员，业务员趁机离开现场，使客户无法与其对质，此时又有人站出来假扮和事佬，劝老板和客户各让一步，并提出一个中间价，最终双方经过协商完成结算。

起诉书指控的100笔事实基本都采用上述同一行为模式，但检察院却根据被害人即客户的反应不同以及最终处理方式不同，将这些事实认定为4种罪名：客户不同意支付结算价格，双方经过争吵后互相妥协确定最终价格，客户付钱的，认定为敲诈勒索罪，共43笔事实；客户不同意支付结算价格，并在双方争执过程中报警，后经过民警出警调解，客户付钱的，认定为寻衅滋事罪，共41笔事实；客户没有对结算价格提出异议，直接顺利付钱的，认定为诈骗罪，共7笔事实；客户在笔录中讲到自己当时并不同意安装栏杆扶手，而是被告人强行安装的，认定为强迫交易罪，共8笔事实。

此外，检察院还将2016年发生在打工者潘某、陶某身上的一起妨害公务事实列出，而该案早在事发当时法院就以妨害公务罪对潘某定罪判刑，陶某也因妨害公务行为被处以行政拘留。事发后两年，检察院又旧事重提，指控江某也构成妨害公务罪。同时，检察院认为江某组织这些打工者以这种“套路”模式安装栏杆扶手，符合黑社会性质组织的组织特征、行为特征、经济特征和危害性特征，故指控其构成组织、领导黑社会组织罪。

艰难的辩护：2 万字辩护意见　10 万字阅卷笔录

接受委托后，我们首先仔细研究了起诉书，对照起诉书指控的 100 笔事实，逐笔标注关键点，梳理审查控方证据（见图 15 -1）。同时，我们第一时间会见了被告人，被告人一再和我们强调自己绝对不是黑社会，但囿于文化水平低，且完全不懂法律，他和我们通常碰到的被告人一样——只是急于喊冤，却不知道问题出在哪里。我们安抚了他的情绪后，耐心地和他交谈，尽量让他对自己所从事的不锈钢栏杆扶手制作、安装、承揽业务、价格计算等进行详细的讲解，以其所长补律师所短。

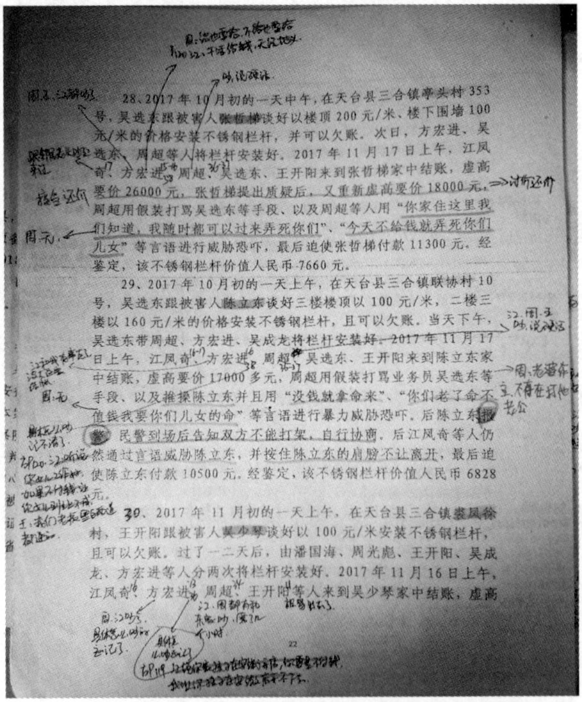

28、2017 年 10 月初的一天中午，在天台县三合镇亭头村 353 号，吴选东跟被害人张哲梯谈好以楼顶 200 元/米、楼下围墙 100 元/米的价格安装不锈钢栏杆，并可以欠账。次日，方宏进、吴选东、周超等人将栏杆安装好。2017 年 11 月 17 日上午，江风奇、方宏进、周超、吴选东、王开阳来到张哲梯家中结账，虚高要价 26000 元，张哲梯提出质疑后，又重新虚高要价 18000 元。周超用假装打骂吴选东等手段、以及周超等人用“你家住这里我们知道，我随时都可以过来弄死你们”、“今天不给钱就弄死你们儿女”等言语进行威胁恐吓，最后迫使张哲梯付款 11300 元。经鉴定，该不锈钢栏杆价值人民币 7660 元。

29、2017 年 10 月初的一天上午，在天台县三合镇联协村 10 号，吴选东跟被害人陈立东谈好三楼楼顶以 100 元/米，二楼三楼以 160 元/米的价格安装不锈钢栏杆，且可以欠账。当天下午，吴选东带周超、方宏进、吴成龙将栏杆安装好。2017 年 11 月 17 日上午，江风奇、方宏进、周超、吴选东、王开阳来到陈立东家中结账，虚高要价 17000 多元，周超用假装打骂业务员吴选东等手段、以及推搡陈立东并且用“没钱就拿命来”、“你们老了命不值钱我要你们儿女的命”等言语进行暴力威胁恐吓。后陈立东报警，民警到场后告知双方不能打架，自行协商。后江风奇等人仍然通过言语威胁陈立东，并按住陈立东的肩膀不让离开，最后迫使陈立东付款 10500 元。经鉴定，该不锈钢栏杆价值人民币 6828 元。

30、2017 年 11 月初的一天上午，在天台县三合镇[illegible]村，王开阳跟被害人吴少琴谈好以 100 元/米安装不锈钢栏杆，且可以欠账。过了一二天后，由潘国海、周光彪、王开阳、吴成龙、方宏进等人分两次将栏杆安装好。2017 年 11 月 16 日上午，江风奇、方宏进、周超、王开阳等人来到吴少琴家中结账，虚高

22

图 15 -1　控方证据的梳理审查

经过一段时间的细心梳理和认真分析，我们终于对案件的基本事实做到了心中有数。此案的关键点在于被告人与客户最终结算的价格是否明显高出市场价，如果没有高出或者高出得并不明显，那么检察院指控的犯罪事实就是无源之水、无本之木。明确了这个关键核心，笔者开始深入地审查价格认定结论书。

在一个埋头审查案卷的深夜，笔者终于有了新发现——价格认定结论书存在漏算问题！认定机构在绝大部分栏杆价格认定中都只是标明了栏杆的长度，只有个别栏杆价格认定中同时标注了栏杆长度和立柱的根数，这是否意味着绝大部分栏杆都没有计算立柱的价格呢？

带着这一疑问，笔者用价格认定结论书确认的一组没有标注立柱根数的栏杆总价分别除以对应的栏杆长度，得出的数值均在 139 米至 140 米之间，这就说明认定机构认定的栏杆单价就是 139 元至 140 元/米。接着笔者用标注了立柱根数的栏杆做验算，用栏杆总价减去立柱价值（立柱根数 × 100 元每根），然后除以栏杆长度，得出的数值也是 139 米至 140 米之间，这样就完全验证了笔者的推断——价格认定结论书中对绝大部分栏杆都漏算了立柱的价值。取得了这一实质性突破，笔者更加坚定了辩护的信心，也明确了辩护的方向。

经过二十多天的日夜奋战，我们将每一笔事实梳理出来做成表格，将每笔事实涉及的栏杆长度、立柱数量、球、花数量以及价格认定结论等关键要素一一列出，做到一目了然。同时，我们制作了 10 万字的阅卷笔录，将 69 册案卷详尽而全面地反映出来。

事实列表

、敲诈勒索

[redacted]县[redacted]镇

	方[redacted]	姚[redacted]	江[redacted]、方[redacted]、周[redacted]、方[redacted] 8000/3980	敲-猫认湖村	语言威胁	姚[redacted]家发生的言语威胁只有被害人陈述一个孤证，江[redacted]、方[redacted]都没有讲过有争吵。 2、3 因和 1 同村，一起结账，因此都按照 1 的方式结算，没有再演戏，也没有吵。
	方[redacted]	曹[redacted]	江[redacted]、方[redacted]、周[redacted]、方[redacted] 2700/1230	同上	看到姚[redacted]家结账	
3	方[redacted]	陈[redacted]	江[redacted]、方[redacted]、周[redacted]、方[redacted] 10000/5570	同上	语言威胁	
4	吴[redacted]	何[redacted]	江[redacted]、方[redacted]、周[redacted]、吴[redacted]、吴[redacted] 5500/3280	敲-何村	何[redacted]拿斧头要砍人	证明双方有争吵，但被害人更凶，还持有斧头欲砍被告人

图 15－2 涉案事实梳理

栏杆立柱、球、花数量及价格列表

序号	案卷页码	被害人	栏杆总长	立柱数量（根）	预估立柱价格	球／花数量	鉴定价格	预估总价	结算价格	结算价格高出预估总价的百分比
1 以下为敲诈勒索	33P20	姚[redacted]		无…不少于 27，因为现场勘验显示花有 26 个，下同	不少于 2700	14/26	3980	6680	8000	20%
2	33P45	曹[redacted]		无…不少于 8	不少于 800	7／7	1230	2080	2700	30%
3	33P165	陈[redacted]		无…不少于 21	不少于 2100	30／20	5570	7670	10000	30%
4	33P94	何[redacted]		22	2200	10／20	3280	5480	5500	0.00
5	33P116	姚[redacted]		17	1700	8/16	2310	4010	4000	0.00
6	33P137	何[redacted]		64	6400	34／61	9650	16050	18000	12%
7	33P163	姚[redacted]		21	2100	10／14	2690	4790	6000	25%

图 15－3 涉案物品价格梳理

在此基础上，一套完整的辩护思路逐渐明确，具体包括一个基本点和五个支撑面：一个基本点，是指因本案的价格认定结论书未将栏杆扶手中立柱的价格计算在内，导致该鉴定价格远低于正常的市场价格，因此被告人的结算价格就会高出鉴定价格，以此动摇本案的指控基础——结算价格高于市场价格，被告人对高出部分具有非法占有目的。

为了说明这一问题，我们还根据案件中价格认定意见、被害人陈述、被告人供述等证据确定当地栏杆扶手中立柱的价格一般为 100 元一根，然后根据现场勘验笔录中载明的每户栏杆扶手立柱的数量，计算出价格认定结论书中漏算的立柱价值，将这一价值加入认定价格中，得出修正后认定价格，发现有 23 笔事实中被告人的结算价格低于修正后的认定价格，如此一来，所谓被告人的非法占有目的就不攻自破了。

除此之外，在剩余的 77 笔事实中，90% 的结算价格高出修正后认定价格的比例均低于 30%。根据《最高人民法院关于适用〈中华人民共和国合同法〉若干问题的解释（二）》第 19 条第 1 ~ 2 款之规定[①]，在民商事领域内，对高于当地指导价或者市场交易价 30% 的才视为“明显不合理的高价”，那么举重以明轻，在刑事领域，未超过市场交易价 30% 的不应认定行为人具有非法占有目的。

五个支撑面针对检察院指控的罪名展开。我们认为检察院认定事实有误，适用法律错误，将 100 笔同类事实指控为 4 种不同的罪名，有违法律逻辑。检察院误将双方争吵认定为单方威胁，仅凭被害人事后的一面之词就认定被告人存在以暴力相要挟的言行，对有利于被告人的证据视而不见，据此认定敲诈勒索罪缺乏依据；对经过民警出警调解后被告人与被害人结算的情形认定为寻衅滋事罪，不符合法律和司法解释的相关规定，也

① 对于《合同法》第 74 条规定的“明显不合理的低价”，人民法院应当以交易当地一般经营者的判断，并参考交易当时交易地的物价部门指导价或者市场交易价，结合其他相关因素综合考虑予以确认。转让价格达不到交易时交易地的指导价或者市场交易价百分之七十的，一般可以视为明显不合理的低价；对转让价格高于当地指导价或者市场交易价百分之三十的，一般可以视为明显不合理的高价。

不符合寻衅滋事罪妨害社会管理秩序的本质；在栏杆扶手、价格都无法欺骗、隐瞒，且被告人所采用材料均为304不锈钢，与其向被害人承诺一致的前提下，认定诈骗罪不符合该罪名虚构事实、隐瞒真相的本质特征；安装栏杆扶手是一个复杂的过程，至少需要半天时间，如果被害人不同意，被告人根本无法完成安装，所以从强行安装的角度认定强迫交易罪是不妥当的。

激烈的庭审：27名被告人　29名辩护人　5天庭审

本案是T县第一起涉黑刑事案件，T县人民法院高度重视，将庭审安排在法院最大的法庭——第一法庭进行。案件一共有27名被告人，29名辩护律师，除了被告人江某及其他三名被告人系家属自行委托律师以外，其余被告人均由人民法院联系法律援助机构指派法律援助律师担任辩护人，确保每位被告人都平等充分地享有辩护权。

为了保证庭审的顺利进行，法院提前一周安排了庭前会议，解决案件审理过程中的程序性问题。值得一提的是，该案无论是庭前会议还是庭审活动，在程序方面都做到了教科书级的规范程度，给律师预留了充足的发表意见的空间，T县人民法院的做法值得赞赏。

案件庭审经过了整整5天，从2018年12月10日至14日，公诉人对每一节事实对应的证据进行了逐一举证，辩护人也相应地作了充分的质证。由于我们是第一被告人的辩护人，几乎所有的案件事实都与我们的当事人相关，在质证环节以及辩论环节，笔者作为第一辩护人的发言时间几乎占据了所有辩护人发言时间的80%以上，以至于在第一天庭审结束后，其他辩护人对于我们积极的辩护姿态和缜密的辩护思路赞叹不已，表示从发言中就可以知道我们在庭审前做了大量的准备工作。

能够得到同行的肯定令我们非常欣慰，更加可贵的是，庭审后不少被告人家属都对我们竖起了大拇指。一个年过半百的长者称赞我们是敢言者，因为他听说很多涉黑案件的庭审都是走过场，律师都不敢做实质性辩护。我们则斩钉截铁地告诉他，充分辩护是我们的职责所在，而这一切都得益于依法有序的法治环境。只有司法机关和律师都认同法定程序的前提下，大家才能对案件的事实证据和法律适用展开充分的探讨。而在这个案件中，无论是审判长还是公诉人，都做到了充分尊重辩护律师，认真听取辩护意见。

连续五天的庭审不仅是对案件的深入解剖和观点碰撞，更是对被告人、家属以及旁听群众的普法，让他们看到虽然控辩双方的观点是如此的针锋相对，但大家终究都是站在同一个平台上有理有据地交锋，将各自的观点和理由充分阐述。我们用鲜活的庭审践行了让人民群众在每一个司法案件中感受到公平正义的誓言。

波折的判决：4 个罪名　49 笔犯罪事实

根据惯例，涉黑案件的司法程序都会从快从重，以体现打击的及时性与严厉性。虽然从辩护人角度，我们认为本案存在诸多争议，对案件定性涉黑、对被告人认定 6 个罪名均不同程度地存在问题，但从本案起诉到法院一个多月就开庭，庭审安排在 12 月初等情况判断，我们还是悲观地预料法院极有可能在 2018 年年底前作出有罪判决。

果然，在庭审后两周左右我们就收到了法院二次开庭的通知，定于 12 月 26 日。此时，笔者的情绪也跌入了谷底，感觉自己拼尽全力的辩护似乎都要白费了，对于之前发现辩护突破口的兴奋、参加庭审发表辩护意见的自信，也都被这一纸通知吹得烟消云散。

就在我们已经买好高铁票准备去接受沉重的判决结果时，笔者再次接到了法院书记员的电话，她告知我们原定于12月26日的开庭取消了，开庭时间另行通知。那一刻，笔者又激动又担心自己幻听，抑或这电话不是法院打来的，于是笔者通过短信再次与法官确认，他告诉我确实如此，二次开庭时间另行通知。彼时，笔者的心中闪过一丝希望，这也许是案件出现转机的信号。根据笔者的经验，快速的判决往往是判决书和起诉书高度一致，辩护意见均不采纳，而延迟的判决意味着案件存在争议，结果仍有希望。

经过了4个月的漫长等待，终于在2019年4月17日，我们再次接到了法院通知，案件定于4月22日公开宣判。宣判当天，我们怀着忐忑的心情听完了审判长宣读的判决书，法院认为检察院指控的寻衅滋事罪和诈骗罪均不能成立，这意味着本案的51笔事实被法院认定不构成犯罪，占比超过检察院指控事实的一半。我们的委托人即第一被告人被数罪并罚判处有期徒刑15年，第二、三被告人均被判处有期徒刑9年，从第四被告人开始量刑大幅下降，第四被告人仅为3年8个月，其他被告人均为2年6个月以下。显然，我们的辩护不但对第一被告人产生了作用，也大大降低了全案被告人的量刑档次。

虽然这一结果与我们的预期目标还相去甚远，尤其是案件的涉黑罪名没有拿掉，意味着我们的辩护没有取得根本性成功，但法律同行们在得知这一结果后都表示赞叹，涉黑案件中的辩护往往举步维艰，能够取得两罪名和过半事实被认定无罪的结果实属不易。这既是我们辩护的阶段性胜利，也是法院在涉黑案件审理中敢于担当的体现。一审判决后，我们的被告人和全案家属都对我们的辩护工作表示了肯定和感谢，并希望我们继续代理案件的二审甚至是申诉工作。

至此，笔者办理的第一起涉黑案件画上了分号。之所以称它为分号，是因为笔者认为案件中的争议问题还没有彻底解决，笔者还会继续研究和总结，继续走好之后的司法救济程序。

办理这起涉黑案件，笔者有三点感受：

第一，虽然在程序上涉黑案件要求更高，需要做好报备甚至是会见申请工作，但从实质上来看这类案件和其他案件一样。作为律师，辩护想要有效，首先要有据，这个据包含事实、证据，也包含法律法规、司法解释以及判例。

第二，辩护工作来不得半点马虎应付，律师要把工作做实做细，把案件事实吃准吃透，把细节情节搞全搞清，这样才能言之有物、言之有据。

第三，辩护需要时时换位思考，我们不但要明确自己的辩护思路，也要对检察官的指控方向以及法官在形成判决过程中所关注的问题心中有数，只有这样我们发表的辩护才更容易获得法律职业共同体的认可，进而做到有效辩护。

办案启示

一、扎实的基础工作是有效辩护的根基

在办理这起涉黑案件时，笔者立足于案件的基础材料——先是反复研读起诉书，对指控的方向、要点和依据吃准吃透，做到心中有数；再将69册案卷先读厚、再读薄，找出证据之间的联系和逻辑关系，做了10万字的阅卷笔录；最后将案涉的100多处重要事实制作成各类表格，纵横分析其关键性要素，突出罪与非罪的核心事实。

二、准确地锁定辩点是有效辩护的支柱

这起案件的关键辩点是价格认定结论的问题。从笔者第一次会见被告人开始，他就提出价格认定结论比正常市场价格相差太多。以笔者积累多年的辩护经验，深知仅仅提出价格认定结论偏低的观点，而没有有效的证据作为支撑，辩护意见被法院采纳的可能性微乎其微。最初笔者考虑通过市场调查来论证价格认定的不合理性，但这个方案既耗时又费力，最终的参考意义却不大。经过反复研究价格认定结论书，笔者终于找到了切入点，用每一组栏杆总价除以栏杆长度，发现得出的答案都相同，这其实就是价格认定机构认定的栏杆单价，说明价格认定机构在计算栏杆价值时没有将立柱的价格计算在内，这成为本案有效辩护的突破口。

三、良好的沟通表达是有效辩护的核心

无论是扎实的基础工作，还是准确地锁定辩点，都是围绕庭审服务的。因为，庭审才是集中、直接呈现律师辩护意见的舞台。庭审中的清晰表达听起来简单，但做起来难。只有将语言本身同讲述者的语气、口才结合起来，才能恰到好处地达到最佳的庭审辩护效果。庭审辩护中的语言要突出两点：一是条理性，突出每一个辩护观点和支撑辩护观点的各条理由；二是说服力，要将法律的严谨逻辑与口语表达的抑扬顿挫结合起来，将辩护意见有理有利有节地表达出来。此外，庭外与法官的良性沟通也必不可少。这样一个涉黑案件，事实庞杂、辩点诸多，经过一周的庭审，法官对律师的辩护意见难免会有遗漏。所以，庭后的良性互动非常必要，以达到加深律师辩护意见在法官心中“烙印”的强化效果。

第三部分

办理纪实·非诉讼

H 公司某重大疑难项目处置专项法律服务办理纪实

胡祥甫[1]　崔海燕[2]　罗弘韬[3]　于振芳[4]　哀韬光[5]　李　阳[6]　何　伟[7]　谢　冰[8]

[1] 胡祥甫，首席合伙人，中共浙江省委法律顾问，浙江省律师协会顾问，hxf@ zjblf. com

[2] 崔海燕，管理合伙人，浙江省律师协会副会长，司法部千名涉外律师人才库成员，chy@ zjblf. com

[3] 罗弘韬，高级合伙人，浙江省律协房地产专业委员会副主任，“2013ENR/建筑师时报最值得推荐的60位中国工程法律专业律师”之一，lht@ zjblf. com

[4] 于振芳，律师，浙江省律师协会国际贸易与海事海商专业委员会委员，浙江省外经贸法律服务律师团成员，yzf@ zjblf. com

[5] 哀韬光，初级合伙人，杭州嘉兴商会顾问团成员，浙江法学会征迁专题论证会特邀专家，atg@ zjblf. com

[6] 李　阳，律师，杭州市律师协会行政专业委员会委员，ly@ zjblf. com

[7] 何　伟，律师，杭州市律师协会民事专业委员会秘书，hewei@ zjblf. com

[8] 谢　冰，律师，法学硕士，xiebing@ zjblf. com

H公司在X县开发旅游综合体项目已十余年，累计投入近30亿元。2018年，X县政府突然以环保整治为由要求H公司在2019年6月底前全面退出在X县的项目开发。紧急之下，本所律师临危受命，在两个月的时间内，通过法律尽职调查、谈判、诉讼预案等多种手段，最终促成H公司与X县政府签署补偿金额近18亿元的“一揽子”和解协议，尽最大努力为客户挽回了损失，得到客户的高度肯定。

十年项目开发一朝将倾　八人律师团队临危受命

H公司是一家以房地产开发为主业、创业投资为辅业、资产逾百亿的大型国有控股企业集团。X县是著名国家级风景区，具有优良的自然环境。2008年，经X县政府招商引资，H公司与X县政府签署了旅游综合体项目合同书，约定H公司在X县某旅游度假区开发建设旅游综合体项目。2009年，项目总体规划和开工手续获批，一期项目陆续建成了游客接待中心、两个精品酒店、一个公园、一个小镇等旅游配套设施。

从2017年起，在中央生态文明建设的大背景下，X县政府开始以环保整治为由多次要求H公司整改、拆除部分已建项目。H公司从顾全大局、“弃小保大”的立场，先后配合X县政府拆除了精品酒店、公园和小镇等项目。然而，上述旅游设施拆除后，X县政府又于2018年9月要求H公司拆除一座位于综合体核心地段的已经结顶尚未装修的五星级酒店。H公司认为，该酒店是整个旅游综合体项目的核心建筑，如果拆除，一期建成项目几近全部拆除，近30亿元的投入将全部付之东流。为此，H公司要求

X 县政府与 H 公司就旅游综合体项目整体处置达成“一揽子”协议后，才能拆除该酒店。2019 年 4 月，X 县政府发出最后通知，若 2019 年 6 月底前仍不拆除酒店，政府将强制拆除。情急之下，H 公司联系到本所崔海燕律师，希望其能协助处理此事。

崔律师在初步了解项目情况后，认为本项目属于重大疑难复杂项目，工作量大、时间紧急，且涉及多个专业领域。为此，崔律师决定采取跨团队合作的方式为 H 公司提供全方位法律服务，并立即组建了律师团队，成员具体包括崔海燕律师（项目负责人）、罗弘韬律师（房地产与建设工程领域）、于振芳律师（民商法领域）、袁韬光律师（房地产与建设工程领域）、李阳律师（行政法领域）、何伟律师（民商法领域）和谢冰实习律师，还邀请本所首席合伙人胡祥甫律师担任顾问。律师团队组成后，第二天即投身于项目工作中。

迅速开展法律尽职调查　厘清项目三大核心争议

全面深入了解项目情况是律师出具有效法律分析意见的前提。为此，在本所接受 H 公司委托后，次日即派出三名团队律师前往项目所在地 X 县开展法律尽职调查。通过现场走访、人员访谈、阅看项目资料等方式，律师初步了解到本项目中的三个核心争议：

第一，H 公司在 X 县取得的土地是否合法合规？H 公司在 X 县取得土地的过程复杂曲折，历经土地招拍挂、土地置换、解除土地置换、土地部分收储、部分重新招拍挂等过程。现 H 公司名下有未开发土地 39 宗以及 4 个已开发项目对应的 4 宗项目地块，这些土地取得过程是否合法合规是 H 公司与 X 县政府谈判补偿金额需要考虑的首要问题。

第二，H 公司与 X 县政府方签署的项目合作开发相关合同是否有效？旅游综合体项目合同书签订于 2008 年 6 月 6 日，2008 年修订的《水污染防治法》于 2008 年 6 月 1 日起生效。根据该法第 59 条第 1 款之规定，禁止在饮用水水源二级保护区内新建、改建、扩建排放污染物的建设项目；已建成的排放污染物的建设项目，由县级以上人民政府责令拆除或者关闭。而在 2005 年，省政府就将绝大多数水域调整为饮用水水源二级保护区，X 县域全境划为饮用水水源二级保护区。因此，旅游综合体项目合同书有可能因违反法律的强制性规定或损害社会公共利益而被认定为无效。

第三，政府要求拆除已经结顶的核心区五星级酒店是否具有法律依据？该酒店施工许可证的颁发时间是 2015 年 12 月 30 日，因此建设该酒店很可能违反《水污染防治法》（2008 年）第 59 条规定的“在饮用水水源二级保护区内新建排放污染物的建设项目”而应被拆除或关闭。但问题在于，根据 H 公司的说明，该酒店可以实现零排放，那么酒店是否不应属于“新建排放污染物的建设项目”范畴？另外，即使 H 公司建设酒店违反了上述规定，是不是政府原因造成？X 县政府是否有权直接自行拆除？

一周出具法律分析报告　抽丝剥茧分析得失利弊

围绕上述核心争议，律师对该项目进行了全面又有针对性的法律尽职调查，并根据尽职调查情况，出具了《H 项目法律尽职调查要点及赔偿/补偿路径分析报告》。该报告内容主要分为两大部分：一部分是对项目背景事实和核心争议的梳理，另一部分是依据项目事实和相关法律法规向客户出具赔偿/补偿路径分析与建议。

关于本项目退出赔偿/补偿金额，主要包括 H 公司名下 33 宗尚未开发土地的赔偿/补偿，以及 4 个尚未获得补偿的项目（含项目地块）拆除和退出的赔偿/补偿，律师的工作即为 H 公司在这两部分主张最大化的赔偿/补偿金额提供法律方案与论证。经过团队律师多次分析讨论，我们向客户提出以下三条赔偿/补偿路径分析与建议，并分析了这三种赔偿/补偿路径各自的利弊得失（见表 16－1）：

表 16－1　赔偿/补偿路径分析与建议

按照 X 县委 Y 号文件规定的收回方式主张适当补偿	（1）依据：根据 X 县委 Y 号文件，若双方在规定期限（2019 年 12 月）内不能达成一致意见，根据土地出让合同，为保障社会公共利益需要，依法解除合同，收回国有土地使用权。 （2）补偿标准：根据项目土地出让合同，在特殊情况下，根据社会公共利益需要提前收回国有建设用地使用权的，出让人应当依照法定程序报批，并根据收回时地上建筑物、构筑物及其附属设施的（残余）价值和剩余年期国有建设用地使用权的评估市场价格及经评估认定的直接损失给予土地使用者补偿。 （3）不利点：如 X 县国土局不启动收回程序，则无法适用该补偿条款，此时，H 公司可能需要主动提起诉讼，要求 X 县国土局按照 X 县委 Y 号文的规定履行职责并给予补偿。但若提起诉讼，X 县国土局可能会提出项目土地出让合同因违反《水污染防治法》而无效，从而不适用土地出让合同中的补偿条款，仅参照《合同法》予以赔偿。
按闲置土地收回并补偿	（1）合同与法律依据：对 33 宗尚未开发的土地，因政府原因（划入二级水源保护区及 X 县委 Y 号文要求整治）不可能开发建设，应按《闲置土地处置办法》处理。另外，在 X 县国土局不启动收回程序，H 公司主动提起诉讼要求 X 县国土局给予补偿的情形下，即使 X 县国土局主张土地出让合同无效进而不按照土地出让合同的约定补偿，也应当按照政府收回闲置土地的规定及《自然资源部办公厅关于政府原因闲置土地协议有偿收回相关政策的函》（自然资办函〔2018〕1903 号）的规定，由双方协议有偿收回。 （2）补偿标准：根据《闲置土地处置办法》的规定，有偿收回的补偿金额应不低于土地使用权人取得土地的成本，综合考虑其合理的直接损失，参考市场价格，由双方共同协商确定。
按合同法赔偿损失	如前所述，旅游综合体项目合同书有可能因违反法律的强制性规定或损害社会公共利益而被认定为无效。如果合同被认定无效，根据《合同法》第 58 条规定并综合案件的整个历史背景，本项目中 X 县政府与 H 公司可能均被判定有一定过错，政府应根据其过错比例承担 H 公司实际损失。 另外，也有观点认为《水污染防治法》不是效力性强制性规定，而是管理性规定，当事人受行政法约束，但不影响合同效力。但这一点难度很大，因为目前查询到认为《水污染防治法》是效力性强制性规范的案例居多。

公证公告发函听证诉讼　全面防守预防政府强拆

上述法律分析报告为H公司与X县政府协商整体退出补偿金额提供了法律依据。此后，律师团队继续从多个方面为项目整体退出提供法律支持，具体包括：（1）由民商领域律师起草“一揽子”退出框架协议初稿；（2）由房地产与建设工程领域律师针对已开发项目、未开发土地、已开发项目的地上建筑物和项目地块，分别寻找能够最大化获得补偿的法律依据；（3）由行政法律师针对X县政府的强制拆除行为从行政法的角度进行分析应对。

由于X县政府方已经明确表示要限期拆除核心区酒店，为此，我们一直通过网络查询持续关注X县政府公开招标拆除施工单位的信息。2019年5月21日，X县政府在微信公众号上发布了公开招标拆除施工单位的公告，标志着X县政府强制拆除酒店的程序正式启动。对此，律师团队立即运用公告、发函、起诉等手段，对X县政府的强制拆除行为进行全面应对，包括但不限于：

- 5月21日，前往X县项目开发地点现场取证，并进行公证；
- 5月22日，起草给意向投标人的告知书和在项目现场张贴的公告；
- 5月23日，分别向X县政府、县委、县人大、县政协发出律师函；
- 5月24日，以X县人民政府为被告起草行政起诉状，请求确认X县政府发布的拆除施工单位的招标公告无效，并前往Z市中院立案（主要给对方压力，后未立案）；
- 5月25日，向Z市生态环境局X县分局寄送关于《行政处罚事先告知书》的陈述申辩意见，并准备听证提纲，于6月3日参加听证。

连续一周谈判协议条款
获整体退出“一揽子”和解

争议解决的一个有效路径是“以打促谈、边打边谈”。前述针对政府拆除行为采取的措施，在一定程度上给政府方造成了压力，也为与政府方的谈判争取了时间和筹码。自本项目纠纷产生以来，双方的谈判一直在进行中。6 月 12 日，崔海燕律师与罗弘韬律师再次参加 H 公司与 X 县政府的谈判，双方就 H 公司在 X 县开发项目“一揽子”整体退出事宜的具体安排进行了讨论，并同意由双方签署整体退出协议，至此双方正式进入协议谈判阶段。

会后，律师团队立即与 H 公司进行了讨论，并着手准备“一揽子”退出协议的文本起草工作。6 月 13 日，崔海燕律师、于振芳律师、何伟律师与 H 公司讨论、起草和修改协议本文，从下午一直到次日凌晨两点，初步形成了“一揽子”协议初稿。6 月 14 日至 18 日，于振芳律师两次前往 X 县进行为期数天的谈判，其间律师团队反复在微信群上讨论协议条款，协议文本调整修改十余稿，最终达成由《整体处置框架协议书》《项目处置协议书》《项目处置补充协议书》《后续开发备忘录》四份协议构成的项目整体退出“一揽子”协议，X 县政府补偿 H 公司近 18 亿元。

2019 年 6 月 19 日，“一揽子”协议由各方签署完毕。6 月 26 日，H 公司获得“一揽子”协议约定的首笔补偿款 6 亿元。6 月 27 日，核心区酒店被拆除。至此，H 公司在 X 县开发旅游综合体项目整体退出事宜获得了较为圆满的解决，H 公司与 X 县政府双方的诉求也基本得到满足。

律师勤勉尽责客户好评　项目后续开发未来可期

经事后复盘，我们认为本所律师为本项目提供的法律服务有以下几个特点：

第一个特点是高效。该项目开发时间久、体量巨大、资料堆积如山，仅电子文档就有近10G。但项目时间又非常紧迫，为此本所律师一直迅速高效开展工作，包括一周即完成阅看项目资料、现场勘查、人员访谈、撰写法律分析报告等工作；电话会议与参与谈判随时响应；律师团队连夜开会讨论、修改项目文本等。

第二个特点是合作。如前文所述，本项目在接受委托之始，即采用了跨团队合作的方式组成律师团队为客户提供全方位法律服务。合作的好处不仅在于能够提高效率，加快法律工作成果的出具速度，还在于可以发挥各领域律师的专业优势，提高法律工作成果的质量。以本项目中律师出具的《H项目法律尽职调查要点及赔偿/补偿路径分析报告》为例，该报告撰写时的具体分工为：第一部分：土地与地上物情况（袁韬光律师）；第二部分：与政府及部门签署的合同情况（于振芳律师）；第三部分：核心区酒店的相关问题（李阳律师）；第四部分：赔偿路径分析及建议（于振芳律师）；附件：可视化图表（何伟律师）；附件：法律法规与案例索引（谢冰律师助理）；文本审核：罗弘韬律师；最后统稿：崔海燕律师。

第三个特点是可视化。虽然法律分析报告中对项目背景事实进行了系统梳理，但由于本项目开发过程极为复杂，仅对背景事实进行的文字梳理依然占据了报告的很大篇幅，在阅看报告时仍需经常翻阅查找、前后比对。为此，我们在文字梳理的基础上，还将项目土地流转及其依据的合同与法律法规以及在建项目建设历程与 H 公司所受行政处罚情况分别制作成 A3 大小的可视化图表，使十余年项目开发过程中的重要事实与争议始末一目了然，极大方便了报告使用者（可视化图表详见本文附表）。

功不唐捐，付出终有回报。项目结束后，H 公司项目负责人向崔海燕律师发送了这样一句话："在项目的处置过程中，您和您的团队给我们留下了深刻印象。"我想这对于律师而言，是一种具有高度又非常真诚的评价。

虽然律师在本项目中的工作已经暂告一段落，但 H 公司在 X 县的开发并未完全终止。在 X 县开发十余年，H 公司已然对 X 县的自然与人文景观产生了深厚的情感，尽管 X 县旅游综合体项目已经基本整体退出，但根据双方签署的《后续开发备忘录》，对于不存在环保整治问题的个别项目，双方同意由 H 公司继续开发，X 县政府将给予支持和帮助。我们由衷地希望 H 公司在 X 县的后续开发一帆风顺，未来可期。

反向剥离式重整：企业重整的另一种思路

——D 公司破产重整项目办理纪实

王全明[1]　茅玮民[2]　林　丹[3]　何成科[4]　徐　涛[5]　魏宇航[6]
马　菁[7]　金　龙[8]　韩飞燕[9]

[1] 王全明，主任，浙江省律师协会公司法专业委员会主任，全国律师行业创先争优先进个人，wqm@ zjblf. com

[2] 茅玮民，权益合伙人，浙江省律师协会国际投资与“一带一路”专业委员会副主任，欧美同学会浙江分会理事，mwm@ zjblf. com

[3] 林　丹，初级合伙人，杭州市中级人民法院律师调解员，lindan@ zjblf. com

[4] 何成科，律师，hck@ zjblf. com

[5] 徐　涛，律师，法律硕士，xt@ zjblf. com

[6] 魏宇航，律师，第五届杭州律师论坛二等奖获得者，wyh@ zjblf. com

[7] 马　菁，律师，法学硕士，mj@ zjblf. com

[8] 金　龙，律师，法学硕士，jinlong@ zjblf. com

[9] 韩飞燕，杭州钱塘新区分所律师，hfy@ zjblf. com

一级总包建筑企业面临破产清算

D公司原为杭州市某区重点建筑企业，具有建筑施工总承包一级等多项优质资质。但D公司在管理方面存在一系列问题，包括对在外承包工程项目管理不严，部分项目工程内部承包后包工头不负责任导致公司承担付款责任；对工程款支付的管理混乱，造成承包的工程项目亏损严重；存在严重的三角债情况，开发商的钱未及时收回，在没有资金保障的情况下，又盲目承包工程项目，导致需要通过民间借贷解决工程款问题，从而造成高额的利息支出，进一步减少了工程项目的利润空间。加之外部行业竞争加剧等因素影响，D公司最终资金链断链，陷入经营困难，无力偿还到期债务，生产受影响直至停工。停工后的D公司被债权人起诉，成为X区法院“闻名”的“诉讼老户”。

直至2018年4月27日，杭州市X区人民法院裁定受理了债权人对D公司的破产申请，并于2018年4月28日依法指定浙江普华会计师事务所有限公司担任D公司管理人。

金道专业破产团队担任管理人法律顾问

由于管理人是会计师事务所，其需要一支专业且有丰富经验的律师团队作为法律顾问协助办理D公司的破产项目。因此，管理人经过寻邀程序，依法聘请浙江金道律师事务所王全明破产团队（以下简称破产团队）担任D公司管理人法律顾问。

王全明律师所带领的破产团队于2014年起先后办理了20余起破产项目，团队负责人王全明律师具有丰富的民商事案件办理经验，可以为破产项目的办理提供专业的法律支持。

通力合作，律师全面协助管理人开展工作

在管理人与法律顾问组成的管理人团队中，法律顾问具有主导地位，起核心作用。破产团队分为综合组、债权组、资产组等，协助管理人开展了如下工作：

1. 协助管理人全面接管公司，厘清公司基本情况

在破产团队的协助下，管理人对D公司进行了全面的接管。破产团队充分梳理债务人历史沿革、资产、负债、职工与诉讼等基本情况，为扎实推进后续工作奠定基础。

2. 进行资产处置，归集破产财产

破产团队拟定资产处置方案，推进资产变现工作。对人民法院执行局账户的款项进行依法划转，对于D公司名下11处不动产依法进行拍卖，均取得较高的溢价率，维护了债权人的权益。

3. 公正谨慎审核债权，维护债权人的合法权益

本项目涉及在建工程优先权放弃、转让等众多法律疑难问题，律师团队花费大量时间，进行了充分的研究、论证，制定了审核标准，审核结果大部分得到债权人确认，仅有少部分债权进入诉讼确认。每笔债权都涉及债权人的切身利益，许多债权人都希望对自己债权审核宽松一些，对其他债权人的审核严格一些，有时还会发生不理解管理人工作的情况。对此，管理人及破产团队廉洁自律，公正审查，统一标准，从严把握，一共审核

了78位申报人的债权，通过债务人企业核实确认、管理人会计师二审、金道所律师三审的方式，充分保障了债权人的合法权益。

4. 作为法律顾问，主动诉讼、积极应诉

就公司应当收回的工程项目尾款，破产团队协助管理人提起两起诉讼，涉案标的超过一亿元。对于债权人提出的债权确认之诉，破产团队也协助管理人积极应诉，维护了公司和广大合法债权人的利益。

5. 制订重整计划，成功完成重整

管理人及破产团队经过分析研究，制订了重整计划。通过重整程序，在保留D公司主体资格的前提下，尽可能实现重整后的D公司与原D公司债权债务的分离，并使D公司的壳资质资源发挥最大效用。

积重难返，律师提出破产重整新思路

D公司已经停产多年，没有固定的办公场所，资料不齐全，又缺乏专业人员，这使破产项目工作开展难度加大。另外，基于建设工程项目自身的特殊性和复杂性，债权债务关系的厘清以及资产的追收也有极大难度。加之D公司整体负债高，资产少，如今已积重难返。传统的承债式重整在本项目中受到诸多限制，很难吸引到重整投资人。如无法重整或重整失败，其建筑施工总承包一级资质等多项无形资产资源面临灭失，这将导致债权人的利益更加难以保障。

作为管理人法律顾问，律师需要从法律方面协助管理人确立正确的破产重整思路。律师团队为此进行了深入的分析，提出了“壳资源重整”方案。壳资源重整保证了企业主体得以存续，同时剥离了不良债务。相比于承债式重整，重整投资人的风险更小，也就意味着更加能吸引到重整投资人。

以“壳资源重整”为导向，具体方案为：将D公司的资产一分为二，资产一是公司股权、公司经营管理权（通称公司壳资源）及名下建设工程施工资质等无形资产；资产二是除资产一外的公司其他资产。对于资产一及其相关权利义务，在投资人支付重整对价后，由重整投资人取得，D公司由此重整为新D公司，由重整投资人继续经营。对于资产二，重整计划裁定批准前D公司形成的债权债务以及资产一重整获得的重整对价，全部由资债处置公司承继，并在该资债处置公司继续完成破产清算及清偿分配，即分离壳资源的清算。

通过壳资源重整，D公司主体得以存续，而其他资产债务的全部剥离，也使重整投资人不承担D公司重整前的经营风险。

勤勉尽责，企业重整终获圆满成功

2018年9月25日，破产团队在微信公众号发布了《D公司招募重整意向投资人公告》。招募期间内，有若干位重整意向投资人与破产团队联系表示其有投资意向。但经债权人委员会一致表决，认为第一轮报名的重整意向投资人报价过低，不利于全体债权人的利益，并决定重新启动第二轮重整意向投资人招募程序。为了扩大重整投资公告的受众面，破产团队积极探索新方法新思路，除在微信公众号发布公告外，又于2019年5月5日在淘宝网发布招募公告。第二轮招募公告发布后，破产团队共接待了共计6批重整投资意向人的咨询，并积极提供相关讯息供意向投资人参考。截至2019年5月20日，管理人共接收到3名意向投资人的正式书面报名。

在表决程序上，为确保重整投资取得良好效果，破产团队采用先表决通过重整计划草案，再当场进行重整投资竞价的方案，取得了良好的竞价效果。另外，本案原本为破产清算程序，由破产清算程序转为破产重整程序，需要法院的程序性裁定。破产团队发挥主观能动性，将申请法院转重整程序的条件、方案，作为重整计划草案的程序性方案进行表决，确保了程序的合法性，也大大提高了重整的效率。

2019 年 12 月 10 日，《浙江法制报》发表了《杭州 X 区法院：加强破产审判 优化营商环境》一文，重点介绍了 D 公司重整一案。D 公司原为多家法院重点被执行对象，涉及项目多、债务多、债权人多，矛盾集中且尖锐。通过成功重整，D 公司的无形资产得以继续发挥价值，也避免了债权人的进一步损失。该案是探索建筑企业重整方式的又一发展和突破，为类型化、标准化处理建筑企业破产项目提供了良好的示范。

腾笼换鸟，破产重整为加油站企业“加油”

——杭州L区D能源公司破产重整项目办理纪实

王全明[1]　茅玮民[2]　林　丹[3]　何成科[4]　徐　涛[5]　魏宇航[6]
马　菁[7]　金　龙[8]　韩飞燕[9]

[1] 王全明，主任，浙江省律师协会公司法专业委员会主任，全国律师行业创先争优先进个人，wqm@ zjblf. com

[2] 茅玮民，权益合伙人，浙江省律师协会国际投资与“一带一路”专业委员会副主任，欧美同学会浙江分会理事，mwm@ zjblf. com

[3] 林　丹，初级合伙人，杭州市中级人民法院律师调解员，lindan@ zjblf. com

[4] 何成科，律师，hck@ zjblf. com

[5] 徐　涛，律师，法律硕士，xt@ zjblf. com

[6] 魏宇航，律师，第五届杭州律师论坛二等奖获得者，wyh@ zjblf. com

[7] 马　菁，律师，法学硕士，mj@ zjblf. com

[8] 金　龙，律师，法学硕士，jinlong@ zjblf. com

[9] 韩飞燕，杭州钱塘新区分所律师，hfy@ zjblf. com

功败垂成，重点企业资不抵债

杭州L区D能源公司是一家以加油站经营为主要业态的企业，也曾是L区重点企业。D能源公司名下的加油点共有6个，遍布L区城区和主要乡镇，创收颇丰，尤以L区东站加油站为甚。东站加油站位于L区汽车东站附近，L区东站是连接杭州主城区与L区的交通枢纽，由于东站加油站的位置优势，也成为L区出租汽车交班的固定地点，D能源公司曾一度辉煌。

但是好景不长。2014年起，D能源公司董事长将目光投向了房地产行业，投资成立了H房产公司，开发H家园楼盘。这种转型本身无可厚非，但由于房地产行业自身开发周期特点，项目资金压力很大。2014年起，国际原油价格上涨，D能源公司经营成本显著增加，而已经开工建设的房地产项目又急需资金投入。于是，D能源公司开始为H房产公司融资借款，因财务风险，D能源公司资金链断裂，H家园开发也面临“烂尾”进入破产清算程序。

临危受命，金道所被指定担任管理人

进入破产清算程序后，由于该项目资产规模较大，案情复杂，涉及利益主体众多，甚至关乎L区经济社会的稳定，杭州中院决定采取竞争性选取的方式指定管理人。金道所收到竞争性选取文件后，针对案件特点展开研究，针对性地制作了投标文件，并联合中兴、中审众环两家知名的会计师事务所联合投标。最终，经过陈述评比和抽签，金道所及两家会计师事务所被指定为联合管理人。

运筹帷幄，确定办理思路

D 能源公司虽然进入破产清算，但是其不仅有名下加油站等实物资产，其经营资质也是重要的无形资产。如果进行破产清算，无形资产由于具有较强的主体依附性，无法同加油站实体资产一同转移，也无法剥离，如果灭失，又将给债权人带来极大的损失。因此，律师团队迅速确立了由破产清算转为破产重整的核心思路。围绕破产重整的一系列问题随即而来：重整范围如何确定，如何吸引重整投资人，如何防范履职风险，如何做债权人的工作，重整前如何管理资产，如何处理与关联企业 H 房产公司的关系等，都是管理人面临的难题。尤其是规划国土部门发函告知：六个加油站中的三个加油站存在土地实际用途与批准用途不符的情形，其中城东加油站还存在用途与规划不符的情形，应依法予以纠正。这使得管理人招募重整投资人的过程更加艰难。

D 能源公司的破产重整，涉及标的大、人数多、范围广，背后有诸多利益集团之间的博弈，要推动重整的进行，管理人需要与各方进行沟通，积极寻找利益平衡点。同时，由于此类破产项目无先例可以借鉴，只能自己摸着石头过河。

律师团队对承办思路进行“大胆假设，小心求证”，在接手后立即制订了项目工作计划。同时，根据关联破产企业 H 房产公司的项目特点，确定了“先快速重整 H 房产公司，后着重处理 D 能源公司”的工作方针。

由于 D 能源公司与 H 房产公司之间存在复杂的担保及债务关系，管理人把握矛盾的特殊性，具体问题具体分析。只有先处理 H 房产公司，才能厘清关联关系，从而将 D 能源公司的债权债务予以明确。由于债权人的重合性，先通过 H 房产公司的重整，也能提振债权人的信心，取得债权人的进一步支持。最终，管理人通过不懈努力，在 100 天内成功通过 H 房产公司的重整计划草案，使 H 家园得以继续复工，也为 D 能源公司后续工作的开展打下了良好基础。

H 房产公司成功重整后，管理人立即开展 D 能源公司的重整工作。而重整的成功与否，取决于破产财产的价值，尤其是其中无形资产的价值。管理人为此研究了解了大量与加油站经营有关的法律法规和专业知识，并择优留用了相关技术人员。由于破产之时部分加油站双层罐改造尚未完成，加油站危险化学品经营许可证面临到期，使恢复经营面临困难。因此，管理人决定完成双层罐改造的验收，并延续到期和即将到期的资质，保障了破产财产的价值。

依托专业，彰显律师工作价值

确定承办思路后，律师团队分为综合组、债权组和资产组，全面接管 D 能源公司并开展工作。主要内容如下：

1. 依法接管，快速摸底企业情况

2018 年 9 月，管理人对 D 能源公司进行了全面的接管，包括办理证照、财务凭证、合同资料、公司公章、财务章、法人章及相关印章的交接等手续。管理人向当地相关政府部门、银行金融机构等调查核实债务人财产、财务等信息，充分掌握债务人的历史沿革、资产、负债、职工与诉讼等基本状况，为扎实推进后续工作奠定基础。律师团队确定了需要调查的清单，与会计师团队快速查清了款项去向，确认了现阶段工作的重点。只用了不到一个月的时间，就快速摸底了企业情况，为下一步工作打下了良好的基础。

2. 快速了解企业投资价值可能

如前所述，为了最大限度地维护债权人利益，减少破产清算带来的资源损失，管理人制订了以重整为核心的工作计划。

鉴于加油站企业资质具有批准难、审核严等特点，一旦资质失效，重新申请将面临巨大困难。届时，无论哪一方，都将面临巨大损失。为此，管理人一方面对资质等无形资产进行积极维护，另一方面积极向业内人士了解加油站企业重整投资的价值及可能性。

3. 依托专业知识，进行资产管理和维护

在招募重整投资人的同时，管理人对D能源公司及相应6个加油站继续管理。管理人继续聘用值班人员对6个加油站进行24小时值班以保障加油站及相应财产的安全。

鉴于城东加油站的危险化学品经营许可证将于2019年12月25日到期，管理人已开展换证的前期准备工作（包括委托专业技术公司对城东加油站安全现状进行评估、出具生产安全事故应急预案编制等），以保障换证工作顺利进行。对X加油站围墙及土地分割问题，管理人向杭州市规划和自然资源局L区分局、L区住建局等政府部门进行咨询了解。

4. 积极招募重整意向投资人，并结合企业状况形成重整计划草案

根据第一次债权人大会表决通过的资产处置方案，管理人于2019年5月7日发布《杭州L区D能源公司重整投资人招募公告》，开始招募重整意向投资人。招募公告在D能源公司管理人公众号、淘宝网、《钱江晚报》及相关微信群上广泛发布，吸引了众多投资人咨询。共有5家投资人提交了重整投资的意向方案，并缴纳了3000万元保证金，成为正式的重整意向

投资人，使D能源公司的重整竞争更加激烈，也保障了项目重整的良好效果。同时，律师团队注重管理人履职风险的防范，向重整意向投资人详细披露了项目的风险。

管理人在结合D能源公司实际情况，以及与重整意向投资人沟通的基础上制订了计划草案。通过公开竞价的方式，在重整意向投资人中以价高者得的方式确定重整对价，公开竞价的确定成交价为确定的重整投资价，相应出价人为确定的重整投资人。

5. 从债权人利益出发，取得债权人支持

管理人通过与债权人的积极沟通谈判，向债权人释明了唯有通过重整，才能最大限度地维护权益。沟通中，部分债权人表达了希望通过恢复经营以吸引重整投资人的意愿。管理人律师对此高度重视，也向有关部门提出了申请，并在人民法院的组织下，和债权人委员会一起，与有关部门进行了沟通。虽然最终未能立即恢复经营，但债权人此前已经充分了解了立即恢复经营面临的障碍和风险，因此最终也认可并接受了不恢复经营的结果。

6. 及时与法院沟通汇报，重整进程大大缩短

管理人与人民法院积极沟通，每周至少一次前往人民法院汇报工作，听取法官的指导意见，法官为管理人工作提供了很多建设性意见和实质帮助。同时积极与政府部门沟通，解决疑难问题，形成府院联动的良好机制。

7. 利用专业知识，保障程序依法进行

律师团队发挥专业优势，起草撰写《重整投资人招募公告》，对重整投资人的招募进行规范化、公开化，使重整投资人的招募、产生经得起法律的考验和时间的检验。本案原本为破产清算案件，由破产清算程序转为破产重整程序，需要法院的程序性裁定，律师团队发挥主观能动性，将申

请法院转重整程序的条件、方案，作为重整计划草案的程序性方案进行表决，确保了程序的合法性，也大大提高了案件的效率。

8. 通过现场拍卖程序，保证重整投资竞价的公平

管理人经过研究，决定采用现场竞价的方式确定重整投资人。为了提振重整意向投资人的投资信心，管理人将重整计划草案表决程序放置在重整投资竞价之前，在债权人会议表决通过重整计划草案后，再开展竞价。此外，管理人还聘请了专业的拍卖师以及公证人员，保证了重整投资竞价程序的公平性。

9. 积极推动重整工作，与重整投资人进行交接

竞价后，D 能源公司立即进入了与重整方的重整协议签订、资产交接等实质性工作阶段。重整方 A 公司是一家在浙江省内颇有实力的民营能源类经营企业，对重整协议的起草以及重整移交工作提出了很高的要求。管理人以维护全体债权人利益为第一前提，以遵守法律规定和合同约定为准绳，合法有序地与重整方开展合同谈判以及资产交接工作。双方在竞拍后针对移交细节进行了十余次的谈判，其间法院承办人也亲自主持参与了多次谈判，最终双方在法院的监督指导下，配合完成了 D 公司人员、财务、印章、实物的交接。

玉汝于成，顺利重整实现多方共赢

D 能源公司的成功重整，特别是超过 100% 溢价率的重整投资竞价结果，充分保障了债权人的权益，债权本金清偿率达 100%，同时也使该系列破产清算案件以成功重整顺利收官。2020 年 1 月 10 日，L 区新闻网在 L 区人民法院官方网站发布《破产重整纪实——杭州 L 区 D 能源公司的涅槃

重生之路》一文，详细介绍了 D 能源公司重整情况，充分肯定了管理人的各项工作。

本案也是 L 区重点关注的破产案件，其得到快速解决，也防范化解了大量社会矛盾，尤其是使优质的加油站资源得以继续发挥作用。重整投资方凭借先进的加油站经营管理经验，为 D 能源公司注入了新的生机，大大提高了债权清偿率，挽回了债权人的损失，也为 L 区吸引了优质的资本，实现了多方共赢。

五次深入调研　助力建设工程领域地方立法

——杭州建设工程质量安全监督管理立法项目办理纪实

钱雪慧[1]　陈　党[2]　廖志松[3]　李　阳[4]　马煜琴[5]　冯媛园[6]
王耀军[7]　张亦晨[8]

[1] 钱雪慧，高级合伙人，杭州市第十一届政协委员，浙江省优秀女律师，qxh@ zjblf. com

[2] 陈　党，兼职律师，浙江工商大学法学院教授，浙江省宪法与地方立法研究会副会长，cd@ zhblf. com

[3] 廖志松，律师，法律硕士，lzs@ zjblf. com

[4] 李　阳，律师，杭州市律师协会行政专业委员会委员，ly@ zjblf. com

[5] 马煜琴，律师，浙江省消费者权益保护委员会委员，杭州市律协个人嘉奖，myq@ zjblf. com

[6] 冯媛园，杭州钱塘新区分所律师，杭州市律师协会副秘书长 ，fyy@ zjblf. com

[7] 王耀军，律师，浙江省饭店业协会顾问，浙江省律协个人嘉奖，wangyaojun@ zjblf. com

[8] 张亦晨，律师，法律硕士，zyc@ zjblf. com

建设工程质量安全不仅关乎人们的生命财产安全，更关系到社会的和谐安定。在建设工程质量安全管理中，政府监督是一个重要的环节。杭州市人民政府曾出台《杭州市建设工程质量监督管理办法》，从监督管理部门的角度，对建设工程质量安全的监督范围、流程等进行了细化规定。但由于客观条件的变化，该规章与上位法冲突、与实践操作不符，最终被废止。因此，在杭州地方立法层面，目前缺乏有关建设工程质量监督管理的具体性规定，导致一线执法存在困境与两难。

在此背景下，本所高级合伙人钱雪慧律师，带领陈党、廖志松、李阳、马煜琴、冯媛园、王耀军、张亦晨等律师组成法律服务团队，接受杭州市城乡建设委员会（以下简称市建委）的委托，就杭州市建设工程质量安全监督管理立法展开了专项课题研究。本次立法研究从接受委托到结题仅历时三月余，在跨专业、时间紧迫、调研压力大的情况下，团队成员分工协作、共克难关，最终形成 2 万余字的《立法草案及说明》、近 7 万字的《课题研究报告》、近 700 页的《立法参考资料汇编》以及 10 万余字的《案例汇编》，获得市建委的好评。

背景：立法缺位　执法困境

建设工程质量安全问题贯穿于整个工程建设过程，涉及不同的工作环节，牵涉多方利益。行业竞争日益激烈，部分单位或个人为短期内获取巨大利益，不惜铤而走险，以牺牲工程质量求快速发展，导致系列重大安全事故屡见不鲜。我国建设工程质量安全监督从最开始的施工单位自查阶段，转变为现在的质量监督执法阶段。

建设工程质量监督管理方面的法律法规规定，上位法层面主要是国务院《建设工程质量管理条例》、《浙江省建设工程质量管理条例》、住房和城乡建设部《房屋建筑和市政基础设施工程质量监督管理规定》、浙江省住房和城乡建设厅《浙江省房屋建筑和市政基础设施工程质量监督管理办法》等。虽然国家、省级层面已有相关立法，但规定较为笼统、宽泛，无法应对具体实际问题。而在地方性立法层面，杭州市人民政府曾出台《杭州市建设工程质量监督管理办法》（2009 年修正），但因客观条件变化，该地方政府规章因与上位法冲突、与实践不相适应，已被废止。因此，在建设工程质量监督管理方面，目前仅有宽泛的上位法，缺乏具体、可操作且与实际相适应的地方性立法，尤其是规范监督管理行为方面的立法。地方立法的缺位，使实践中好的经验和做法无法上升为法律规定，也导致一些疑难问题处理起来没有法律依据。

立法的缺位直接导致一线执法困境，实务中的问题和矛盾也因此凸显。例如，监督机构的法律地位、监督机构的职责权限界定、审批流程简化与监管程序冲突、监督管理工作的起止点界定、监督档案是否属于政府信息公开范畴、监督人员尽职履责等问题。

在解决具体问题的同时，如何通过立法手段平衡好发展与改革的关系、政府与市场的关系、权力与权利的关系、惩罚与引导的关系，促进杭州市建设工程领域健康有序地发展，具有重要的研究意义。本次立法课题的主要研究目的为：

（1）解决地方性立法缺失问题，弥补立法空白；

（2）解决监督执法实操问题，为实践执法提供规范性指引，从而实现上位法与下位法的衔接；

（3）解决实践执法困境，提出解决方案，尽可能在立法层面予以体现；

（4）避免执法人员执法风险，明确执法人员尽职履责的界限。

挑战：跨行业立法　时间紧迫

刚接受委托之时，团队成员对本项目颇有信心。一是团队负责人钱雪慧律师为执业近二十年的资深律师，在建筑房地产、行政法领域有丰富的实务经验，且团队核心技术专家陈党兼职律师为某高校行政法学教授，在行政法领域具有较高的理论水平；二是团队成员专业能力强，协同配合度高，具有丰富的办案经验，如钱雪慧律师曾带队负责《〈杭州市建设工程文明施工管理规定〉立法后评估项目》《〈杭州市机动车停车场（库）建设和管理办法〉立法后评估项目》，又如陈党律师曾受托起草《浙江省精神卫生条例（草案）》等，均取得良好的效果。

然而，在本项目实施过程中，团队成员发现完成本项目绝非易事。项目对所有成员都是一个新的挑战。本项目有以下难点：

1. 跨行业立法

跨行业立法是完成本项目最大的挑战。本次项目为“建设工程质量安全监督管理立法”，而规范监督行为的前提是对“建设工程质量安全”有充分的了解。团队成员必须了解建设工程领域专业知识，熟知一线执法流程。因此，仅具备专业立法技术是远远不够的，在不熟知专业领域知识的情况下仓促立法，只会适得其反，无法达到此次立法的目的。

团队虽在建筑房地产和行政法领域均有较为丰富的办案经验，但对监督流程以及一线执法的实际需求并不了解，需在这方面狠下功夫，做大量的前期准备工作。为此，团队将本次立法项目的工作重点分为两大块：一是前期研究，补齐知识短板；二是加强实地调研，掌握一线执法难点。

2. 时间紧迫

团队需花大量时间补齐知识短板，做充分的前期研究，同时还要加强实地调研工作。然而，市建委给本项目的研究时间为三个月，至多不超过四个月。由于实地调研的不确定性，后期还需根据调研情况不断调整项目计划，时间安排上极为紧迫。

为了本项目的顺利完成，团队成员不得不挤压其他工作上的时间，以保证本项目调研、讨论、成稿的时间，这使团队成员均承受着不小的压力。为此，团队成员也更加重视分工协作，发挥各自优势，避免重复性工作，提高效率。

实施：制订计划　分工合作

谋定而后动。此次项目实施难度较大，必须要有妥善的计划，才能确保项目有序进行。为此，团队召开内部会议，制订项目计划和具体实施方案，确定时间节点，并将本项目研究主要分成 6 个阶段，分别为：准备阶段、前期研究阶段、实地调研阶段、研究讨论阶段、成果撰写阶段和结题验收阶段。

众人拾柴火焰高，良好的分工是成功的一半。在团队内部分工上，团队将可分割的工作分为较为独立的区块，各成员分别认领一个区块，实行“1 人总负责，多人协助”的分工方法。具体安排上，钱雪慧律师作为总负责人负责统筹跟进项目全过程，与市建委对接，把控项目节奏；陈党律师总负责核心立法技术及学理问题研究，廖志松律师协助；廖志松律师总负责调研工作安排，其余成员协助；冯媛园律师总负责前期立法参考资料整理；马煜琴律师总负责前期实务案例收集整理；王耀军律师和张亦晨律师负责整体配合工作等。

对于需要团队集体参与调研、讨论的场合和环节，每个团队成员都尽量协调各自的工作时间以本次工作为优先。全员参与内部集体讨论共四次，其他分工作区块的专题讨论十余次。由于文稿是分区块独立完成的，所以只有充分讨论才能保障工作质量的统一。团队成员不惜时间成本，每个工作区块的研究成果均几易其稿。在完成初稿后再次逐一讨论具体技术细节，反复推敲，使其日臻完善。

研究：立法现状分析　实务判例评析

就本立法项目而言，除建设工程专业知识的补足之外，团队前期的研究工作主要围绕立法现状分析和实务判例总结展开。

（一）立法现状分析

团队从纵向和横向两条线对国内建设工程质量安全监督管理立法情况进行了整体的分析和解读。纵向线主要包括法律、行政法规、浙江省地方性法规、部门规章及浙江省政府规章等立法；横向线主要包括可供借鉴的相关国内其他省市地方立法，如地方性法规、地方政府规章，以及可供参考的规范性文件等。该部分的重点在于提炼和归纳纵向线和横向线立法的内在逻辑，以及其他地方立法对杭州市质量安全监督管理方面的实践参考借鉴点。

1. 纵向立法分析

地方层面立法要注意与上位法的一致性，不得突破上位法，故掌握上位法的规定及其内在逻辑尤为重要。团队由浅入深对纵向立法进行剖析，并用图示的方式形象地展示其立法内容结构。纵向立法现状总结如下（见表19－1）：

表19－1　纵向立法现状总结

	质　量	安　全	文明施工
人大立法（法律）	《建筑法》第六章建筑工程质量管理	《建筑法》第五章建筑安全生产管理 《安全生产法》 《消防法》	×
国务院（行政法规）	《建设工程质量管理条例》第七章监督管理	《建设工程安全生产管理条例》第五章监督管理 《安全生产许可证条例》 《生产安全事故报告和调查处理条例》	×
住建部（部门规章）	《房屋建筑和市政基础设施工程质量监督管理规定》	《房屋建筑和市政基础设施工程施工安全监督规定》 《房屋建筑和市政基础设施工程施工安全监督工作规程》（建质〔2014〕154号）	×
浙江省人大（地方立法）	《浙江省建设工程质量管理条例》	《浙江省安全生产条例》	×
浙江省建设厅（规范性文件）	《浙江省房屋建筑和市政基础设施工程质量监督管理办法》	《关于进一步加强建筑施工领域企业安全生产工作的实施意见》	×
杭州人大（地方立法）	×未曾有质量管理方面的条例	《杭州市建设工程施工安全管理条例》	×
杭州市政府（规章）	×质量监督管理办法已被废止《杭州市人民政府办公厅关于进一步规范杭州市建筑市场秩序强化建设工程质量安全管理的实施意见》等文件	×	《杭州市建设工程文明施工管理规定》

【技术要点】

纵向立法的特点，尤其是立法层级较高的立法，通常会以某个关键问题作为核心立法，比如建筑质量的归建筑质量立法，建筑安全的归建筑安全立法。而在自上而下的过程中，地方立法又是以解决实际执法管理为目的，所以越是下位阶的法律越是将各类关键问题合并立法。因此，在进行立法研究时就必须沿着主要问题跟踪研究，查看该类问题在不同层级立法中的表现，并进行归类总结。

2. 横向立法分析

横向立法分析主要在于学习和借鉴，团队收集了几十部各省市地方类似规定（含规范性文件），并重点对北京、上海、广州三个经济发达城市的相关立法进行了研究，梳理条文框架和主要内容，并总结借鉴经验。

以《北京市房屋建筑和市政基础设施工程质量监督工作规定》（京建法〔2018〕2 号）为例，该文件是北京市住房和城乡建设委员会 2018 年 2 月 1 日印发，不分章节，规定了质量监督工作的内容、程序、整改、复查等。文件有九个附件，包括北京市建设工程质量监督注册登记表、北京市建设工程质量监督告知书、监督工作计划、首次监督工作会议记录等。该文件对实践中诸多好的原则和制度加以总结提炼，对监督起止点和免责情形作出了大胆、创设性的规定，与杭州当前质量监督立法亟须解决的问题有相通之处。如第 9 条提出的“首次监督工作会”制度、第 10 条提出的“差别化监督原则”、第 16 ~ 17 条对中止监督和恢复监督的规定等对杭州均有较大的借鉴意义。

【技术要点】

横向对比研究在立法研究中极具价值。地方立法侧重的是实务问题的解决，所反映的是实践中的难点和热点，所以是本次工作中着重关切之处。笔者们将该部分内容分为三大块，第一块是“条文主要内容”、第二块是“研究评析意见”、第三块是“对杭州的借鉴意义”，这在逻辑上层层递进。读懂读透条文内容并不难，但对其进行评析则需要一定的功力，尤其是在此基础上要提出对杭州地方立法的建议，则更是对实践和理论经验的一大考验。

（二）实务案例总结

在收集立法参考资料进行立法现状分析的同时，另一小组也在同步进行实务案例的搜集工作。团队成员通过最高人民法院裁判文书网、无讼、ALPHA 案例数据库等进行案例检索，整理各级法院建设工程执法典型判例，分析并总结建设工程行政执法风险点，从中吸取教训，总结经验。

团队在上百件相关案例中选取了 37 例典型案例，其中包括杭州市范围内的 13 例。就选取的 37 例案例，团队进行了分类归纳，并在剖析法院观点的基础上进行了风险点提示，最终汇编成册。经过个案分析，涉案的执法风险主要体现在四个方面：（1）质量安全监督行政主体风险；（2）履行质量安全监督职责风险；（3）履职过程中的程序风险；（4）政府信息公开风险。案例对比归类和案例评析是该区块工作的要点和难点。

【技术要点】

本次研究团队一直立足于实践，这是一个关键要旨。脱离实践的任何研究总归是纸上谈兵。对于在调研中一线执法人员强烈反馈的执法尺度、执法风险以及职责界限等困惑，研究团队认为“以史鉴今”“以案说法”是最为妥帖和直观的方式。所以这部分内容完成后，执法一线工作人员的反响很好，因为其全面归纳解读了司法审判中揭示的执法风险，也证明了团队研究思路的准确性。

调研：5 次一线调研　总结立法重点

作为极具实操性的立法项目，实地调研的重要性不言而喻。团队广泛听取主管部门、执法一线人员意见和建议，深入了解建设工程质量安全监督执法现状、执法流程、执法疑难问题。通过实地调研，了解当前立法亟须解决的问题，以使后续立法建议更能够实现地方立法目标，提高建议的针对性和实用性。

（一）5 次一线调研

本项目调研的主要对象为质量监督总站一线执法人员、各区分站一线执法人员，同时穿插对建筑施工单位等被执法人员的调研。调研方式上主要采用访谈、座谈会、实地走访等方式，与调研对象面对面沟通，实地了解现状。

调研流程大致如下：①确认具体调研对象，联系对接人员→②拟定调研提纲，提前发给调研对象→③实地调研、访谈→④记录整理调研要点→提炼问题点→⑤根据调研结果调整课题研究重点。

本项目中，团队共进行了 5 次深入调研，为保证团队各成员及时跟进项目进度，原则上要求全体成员出席每次调研。每次实地调研少则半天，多则全天，加上前期联系对接以及后期整理讨论的时间，每次调研至少花费一周时间。而因调研对象、团队成员工作时间上的冲突，调研初期进度并没有计划中的理想。但得益于团队成员的坚持以及市建委的配合，团队最终顺利完成了调研。

（二）调研出成效

1. 深入研究杭州质监总站内部制度

得益于质检总站及各分站的大力支持，团队获取并了解了质监站现有内部制度，共计 25 个。团队了解到，由于立法层面没有太多细节性规定，目前质监站的执法流程有相当一部分依靠内部制度。但内部制度的效力有限，且内容上可能存在不足，故了解内部制度及其具体实施情况是调研的重点之一。

团队通过分析图方式，对收集到的 25 个内部制度进行了分类总结，使监管制度系统化，并对立法的章节设置提供内在逻辑性参考。质监站内部制度可分为六大类别，分别为一般流程类、监督方法类、专项监督类、工作程序类、查处方法类、内部行政管理类。在分类总结的基础上，团队提出制度上的先进之处及不足，避免现有制度中的风险，同时将好的规定吸收到立法层面（见图 19－1）。

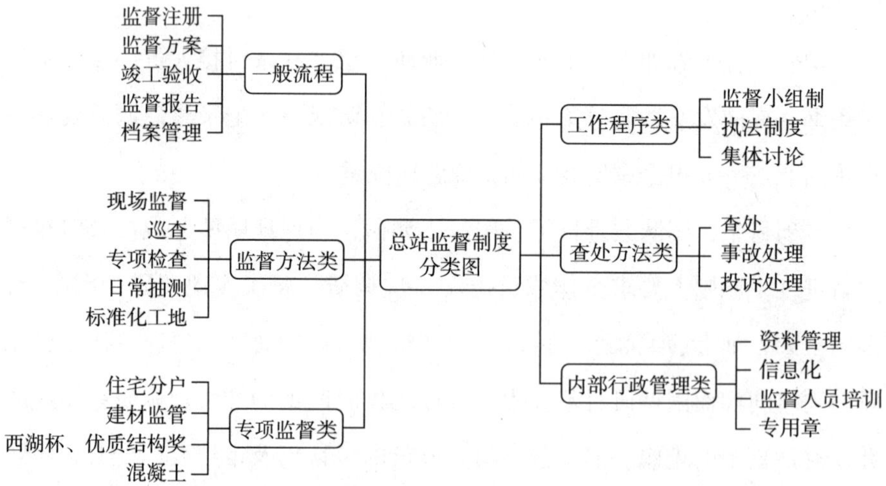

图 19－1　监管制度归类总结

2. 执法难点总结

了解当前的执法困境是本次调研的另一个重点，也是主要目的。经实地调研，团队发现，因立法缺位导致的监督执法困境主要为两大方面：

（1）现有政策背景下凸显的问题，包括：①监督机构法律地位的界定问题；②监督机构的职责权限界定问题；③审批流程简化与监管程序冲突问题等。

（2）具体监督管理工作中的难题，包括：①监督管理的范围界定问题；②监督管理工作的起止点界定问题；③不同类型的建设工程监管标准问题；④特殊的工程项目是否属于监督范围问题；⑤竣工验收中的监管问题；⑥监管部门如何采取具体有效措施问题；⑦监督档案的政府信息公开问题；⑧如何界定监督人员法律责任问题等。

结论：提出立法建议　拟定立法草案

经过多轮调研及内部讨论，团队在明确此次立法研究重点的基础上，就调研中呈现的执法困境提出立法建议，同时就其中涉及的理论问题提供专业解答。最后，团队在明确立法方向、框架以及大致内容的基础上，拟定立法草案。

（一）立法建议

团队提出的立法建议主要分为两大块：一为有关立法思路的建议，二为立法技术层面的建议，包括立法结构及法律位阶等。

1. 立法思路建议

（1）应遵循立法体例上的统一。综观国内涉及质量管理和安全管理的法律、行政法规及地方性条例，均系分而制之，并未将两者合一。而涉及质量的监督管理规定和安全的监督管理规定，在国家层面的部门规章、各省的建设厅出台的规范性文件以及市级政府规章，亦系分而制之。杭州市地方性立法可以参照上位法的布局，以保持立法体例上的统一性，而在规范性文件的制定上则可以进行创设性的大胆尝试。

（2）应着力在难点问题的解决。本次杭州市地方立法的重点和着力点应当放在对现有上位法中过于原则、缺乏实际可操作性的规定的进一步具体化、规范化上。应将妥善解决本次立法研究中归纳总结的重点难点问题作为本次立法的目的和重心，力求在具体的条文中逐一进行规定。

（3）应将实务中成熟的经验提炼上位。在地方立法中突出地方特色，是地方立法实务界的共识。通过团队的调研，杭州市在质量和安全监督管理方面已经积累了一整套系统的规范，对实践有很强的指导意义。因此，对这些在实际操作层面已经通行并被实践证明的成熟经验可以进行提炼，并糅入相应的立法条文中，进而提高其效力级别。

2. 立法技术层面建议

（1）立法结构上建议将“质量监督管理”和“安全监督管理”两者合并。

本立法课题系“质量安全监督”，而“质量管理”和“安全管理”是既有联系又有区别的两个单元领域，故而立法结构上如何安排是本次立法研究首先遇到的一个技术难点。从纵向立法来看，除了第一位阶的全国人大法律《建筑法》系将两者合并，其后各位阶法律均是将二者分而制之。而从横向来看，关于“质量监督管理”和“安全监督管理”两个方面的内容，均定位在规范性文件层次进行规定，北京市和广州市系将两者分而制之，而上海市则将两者合并进行规制。结合杭州市的实际情况，首先，杭州市在地方立法层面，已有单独的《杭州市建设工程施工安全管理条例》，因而在这个层面如制定两者合一的法律，则会出现立法冲突。其次，在实际操作执行层面，2002 年 11 月，经杭州市机构编制委员会杭经（2002）130 号文批准，三站合并，成立杭州市建设工程质量安全监督总站。根据监管工程类型分布和各自特点，结合《房屋建筑和市政基础设施工程质量监督管理规定》《房屋建筑和市政基础设施工程施工安全监督工作规程》的工作程序，杭州建设工程质量安全监督总站提升了“三位一体”和“科室交叉互检”等工作模式。因而，团队建议，将“质量监督管理”和“安全监督管理”两者合并立法，符合实际立法需求。

（2）法律位阶的选择上，建议采用制定地方政府规章加规范性文件的组合模式。

对于本次立法项目来说，有三种模式可供选择：第一种模式，以杭州市人民政府的名义制定地方政府规章；第二种模式，通过杭州市人民代表大会及其常委会制定地方性法规；第三种模式，制定不属于法律的规范性文件。目前，亟须解决的是杭州市建设工程质量安全监督管理领域有法可依的问题，团队建议采用杭州市人民政府制定地方政府规章加规范性文件的组合模式。

该组合模式的优势在于：首先，规范性文件的制定相比政府规章更为灵活，可以极大地提高立法效率。其次，从两个层次立法叠加的组合拳，可以较为全面地解决实践中的痛点难点问题；借鉴北京市政府规章的做法，授权建委制定规范性文件的形式来补足实际操作中的短板。而通过规范性文件的先行实践，再行上升到政府规章乃至地方立法，可以很好地解决立法稳定性的问题。

（二）立法草案

基于以上立法思路，团队分别拟定了市政府规章草案和规范性文件草案：

1. 市政府规章草案：《杭州市建设工程质量安全监督管理办法（草案）》

该草案如下（见表19－2）：

表19－2　《杭州市建设工程质量安全监督管理办法（草案）》

1	立法宗旨	加强对本市建设工程质量和安全的监督管理，规范建设工程质量安全监督管理行为，保证建设工程质量，保障人民生命和财产安全。
2	立法依据	两部法律：《建筑法》《安全生产法》；三部法规：《建设工程质量管理条例》《建设工程安全生产管理条例》《浙江省建设工程质量管理条例》。
3	主要内容和结构	制定一部与上位法相一致、体系比较完整的监督管理办法，既规范行政主体的监督管理行为，又规定行政相对人的责任。 按照这一思路，规章在结构上分为7章，分别是： • 第一章　总则，包括立法目的和依据、适用范围、部门职责、建设工程质量安全的基本要求以及质量安全监督管理制度等； • 第二章　建设工程质量责任，包括建设工程质量的基本要求、建设单位、勘察、设计单位、施工单位、监理单位、工程质量检测机构、施工图审查机构的质量责任； • 第三章　建设工程质量监督管理，主要包括建设工程质量监督的内容、建设工程质量监督的申报、建设工程开工前、施工中、中间验收、竣工验收、验收备案； • 第四章　建设工程施工安全责任，包括建设单位、施工单位、勘察单位、设计单位、监理单位的安全责任、事故救援处理； • 第五章　建设工程施工安全监督管理，包括施工安全监督职责、监督程序、监督措施、安全监督的中止、终止情形、免于承担安全监督责任情形、安全监督检查档案、检举和投诉； • 第六章　法律责任，包括法律责任衔接、对建设单位、施工单位、监理单位、勘察、设计单位、质量检测单位、信用管理、赔偿责任、国家机关工作人员的法律责任； • 第七章　附则，由相关定义、应用解释部门和施行日期等内容构成。

该草案的亮点在于：

（1）监督管理主体方面，草案第3条规定“市、区、县（市）建设行政主管部门可以委托所属的建设工程质量监督机构具体负责建设工程质量和安全的监督管理工作”。

（2）监督管理内容方面，草案主要从建设工程质量和施工安全两个方面规定了监督管理的内容，章节清晰，内容翔实。

（3）监督程序方面，草案第 37 条对建设工程质量安全的监督程序进行了周详的步骤规定。这些具体的步骤均来源于实践中的经验，把实践中好的管理经验提炼为法律规定。

（4）法律责任方面，草案第 45 条作了衔接性规定：违反本办法规定，法律、法规已有处罚规定的，从其规定。同时，对上位法没有设定罚则的行为，补充设定了相应的法律责任。草案第 40 条规定了监督管理机构及其工作人员免于承担责任的情形。

2. 规范性文件草案：《杭州市建设工程质量安全监督管理规定（草案）》

该草案如下（见表 19－3）：

表 19－3　《杭州市建设工程质量安全监督管理规定（草案）》

1	立法目的	规范本市建设工程质量安全监督管理行为
2	立法依据	《建筑法》《安全生产法》《建设工程质量管理条例》《建设工程安全生产管理条例》《浙江省建设工程质量管理条例》《杭州市建设工程施工安全管理条例》《房屋建筑和市政基础设施工程质量监督管理规定》《房屋建筑和市政基础设施工程施工安全监督规定》《浙江省房屋建筑和市政基础设施工程质量监督管理办法》等法律法规。
3	主要内容和结构	制定一部具有杭州特色、更具有针对性的建设工程质量安全监督管理办法，仅规范行政主体及受委托组织的监督管理行为，不规定建设单位、施工单位、监理单位、勘察设计单位等行政相对人的责任。按照这一思路，文件在结构上分为 7 章，分别是： • 第一章　总则，包括立法目的和依据、适用范围、管理部门、委托管理、工程质量监督管理定义、工程施工安全监督管理的定义、监督管理的起止时间、监督管理职责、总站指导； • 第二章　监督准备工作，包括监督注册、成立监督组、编制监督计划、差别化监督原则、首次监督工作会； • 第三章　施工阶段监督，包括现场监督检查制度、抽（巡）查制度、抽（巡）查工作计划、抽（巡）查工作要求、监督工作中止和恢复、险情及事故处理；

续表

		• 第四章　竣工阶段监督，包括施工安全监督终止、竣工验收监督、竣工验收要求、轨道交通工程验收要求、质量监督报告、监督档案管理； • 第五章　监督处理及其他，包括有权措施、行政措施、复工申请、信用管理、行政处罚、监督信息公示、信息化管理、专业辅助； • 第六章　法律责任，包括监督人员的法律责任、免责情形； • 第七章　附则，由应用解释部门和施行日期等内容构成。

该草案的亮点在于（见表 19 –4）：

表 19 –4　草案亮点总结

章节	条文	亮点
第一章 总则	第七条	较为清晰地界定了职责时间边界问题，回应了课题组在实务调研过程中反馈的边界不清晰的难点问题。
	第八条	对实务中反馈的职责范围确定的标准不明，尤其是在具体实际操作中以何为宗旨进行监管的问题作出了回应。
	第九条	规定了总站指导，课题组认为在实务中杭州市质监总站的工作经验已经比较成熟，且贴合实际；同时，为了保证整个杭州市行政区域统一执法的问题，也非常有必要将杭州市质监总站的管理制度进行推广。
第二章 监督准备工作	第十三条	沿承《浙江省房屋建筑和市政基础设施工程质量监督管理办法》第七条的思路，并对其进行细化，使差别化监督有了具体的标准，有利于实际监督管理工作的开展。
第三章 施工阶段监督	第十六条	对监督机构对每个项目的质量安全监督抽（巡）查次数规定了具体要求，且对应当增加巡查次数的情形进行了具体规定，这使具体监管人员执法时有法可依，解决了因为规定和要求不明确导致的监管人员履职风险。
	第十八条	较为细致全面地规定了监督人员抽查的具体要求，使抽查工作的内容、步骤和要求清晰明确，解决了实务操作中的疑问。
	第十九条	针对实务中较为频繁出现的工程建设因为各种原因而中止以及经过长时间中止又申请复工时，监督机构应如何应对作出了规定。

续表

章节	条文	亮点
第四章 竣工阶段监督	第二十四条	回应和解决了在调研过程中反馈的对该类新出现并且增量的建设工程项目该如何进行监督管理的问题，对实际操作具有较好的指引作用。
	第二十六条	规定监督机构在完成监督工作后，应及时、完整收集整理监督资料，形成监督档案，自归档之日起档案保管期限统一为 15 年。该规定对调研过程中反馈的监督档案保管期限作出了回应。
第五章 监督处理及其他	第二十八条	规定了监督机构对监督过程中发现的问题应当如何进行处置的规则，尤其是《责令整改通知书》《责令暂时停工通知书》的适用情形以及具体下发的要求。有关受委托的监督机构是否有权作出上述两项行政措施，实务中司法判决曾明确作出认定，因此有必要在规范性文件中进行明确规定。
第六章 法律责任	第三十六条	规定了质量监督机构和监督人员已依法履行工程质量监督职责因此不承担法律责任的情形。这是实务第一线监督工作人员反映的执法风险问题。法律既要有罚有制约，也应当有维权和保障，对监管人员的合法保障是推动监管工作顺利开展的动力。

成果：四大成果　终获好评

本次立法研究从接受委托到结题仅历时三月余，在跨专业、时间紧迫、调研压力大的情况下，团队成员分工协作、共克难关，最终形成四大研究成果，通过专家评审组的一致考核，获得市建委的好评。

2 万余字的《立法草案及说明》。包括：市政府规章草案《杭州市建设工程质量安全监督管理办法（草案）》、《关于〈杭州市建设工程质量安全监督管理办法（草案）说明》、规范性文件草案《杭州市建设工程质量安全监督管理规定（草案）》、《关于〈杭州市建设工程质量安全监督管理规定〉（草案）说明》。

近7万字的《课题研究报告》。课题研究报告共分为七大章节，第1章“研究背景及思路”阐述了本项目的研究背景、研究目的及意义、研究步骤；第2章“国内立法现状分析”阐述了现有立法体系总结、相关法律细化解读、与建设工程质量安全监督管理相关的法律规定等；第3章“其他地方立法经验借鉴”重点阐述了北京、上海、广州三地相关类似立法及可借鉴的先进经验；第4章“实务判例风险分析”对案例中的执法风险点进行了归纳和解读；第5章“杭州市监督执法现状分析”，在总结杭州市建设工程质量安全监督管理基本经验的基础上，对杭州市质监总站的具体制度进行了深度剖析；第6章“杭州质量安全监督管理难点”阐述了地方性立法缺位问题、现有政策背景下的矛盾以及一线监督管理工作中的细节问题；第7章“立法建议”，在概括本次立法研究背景的基础上提出了立法思路、立法结构安排上的建议，同时简要阐述了立法程序与工作步骤。

近700页的《立法参考资料汇编》。该立法参考资料汇编按照法律位阶由高到低的原则排序，分为五大部分：法律、行政法规、部门规章/文件、浙江省地方性立法/文件、省外地方性立法/文件，各部分再按相关性高到低排序，逻辑清楚，便于查找。全文共674页，涉及法律法规共97部。

10万余字的《案例汇编》。本案例汇编按照不同案例类型分为四大部分，分别为行政主体资格篇、具体行政行为篇、行政程序篇及其他篇。各案例以法律要点为标题，清晰明了。各案例在剖析法院观点的基础上提炼执法风险点，同时在每个案例的最后以鲜明的字体给出执法风险提示，具有很强的实操意义。

另外，团队还制作了PPT版本的《课题实施报告》。由于研究成果内容较多，虽然在项目评审会前已经发给专家评审员审阅，但是评审会当天需要通过简要的报告使专家们可以最快速地了解研究成果。团队将研究成果可视化，通过图表的形式生动地展示了研究过程和研究成果。

结语：钝学累功，不妨精熟

笔者在统稿时，突发眼内毛细血管破裂出血，医生说是太累了，用眼过度。的确，本项目中需要阅读的法律法规太多了，仅市建委就提供了两本汇编用作研究参考，一本是法律法规汇编，一本是规范性文件汇编。这些汇编在编排上没有标准，看起来非常费力。而这仅仅是开始，在整个研究过程团队遇到了更多难题。

立法研究此前往往是大学或者研究院的学者在做，律师介入该领域比较少见。学者的优势是理论性研究功底深，但短板是缺乏实践，尤其是案例实践经验。而律师的长处则是能在大量的诉讼案件中接触到实务，接触到矛盾争议焦点，有很强的直观理解和认知，擅长解决实际问题。虽然此前笔者已经有过两次立法后评估的经验，但是相比较立法研究项目，无论是在研究对象、研究目的以及研究手段上都有很大区别，所以这对于团队而言是一次全新的挑战。

笔者尝试着把这类项目工作中走过的弯路和汲取的经验总结下来，这对于项目律师而言，应具有很强的参考意义：

1. 锁定目标。首要是充分准确地掌握客户需求，了解项目的目的和目标。这一点上笔者走过弯路，与客户在理解上发生了偏差，结果背道而驰。事后复盘反思，原因在于双方的知识结构不同，看问题的角度不同，理解问题的能力也不一样。问题听得一知半解，但碍于情面又没有追问，最终在理解上产生偏差。所以，宁愿在这个开头环节多花时间，切不可为赶时间，匆忙动笔。

2. 分工明确。第二步是搭建好项目团队、做好分工。团队成员知识和能力各有所长，所以匹配与之相适应的工作内容非常重要。分工确定后，切记闭门造车，要和其他团队成员保持沟通，确保研究方向一致。

3. 专研有道。总结技术层面有三个关键点：首先，分析的手法上要比物连类，对一个问题进行深入研究前必须从相关法律法规中抽取出来进行分析。其次，研究的逻辑要清晰。研究这些问题的原因及各个问题之间的内在联系应当要交代清楚，言之有物，方能使整个研究成果蕴含理性之美。最后，加工的手法要细腻。笔者推荐使用图示法，即将每一部法律的所有条款用图示的方法表达，图示中记录关键字即可。通过关键词可以联想到该条款全文的内容。而审阅图示表达的法律法规，则可以直观其内在脉络，犹如剔肤见骨。

立法研究若方法得当，犹如庖丁解牛。愿与同道人分享之。

后记

以匠心致专业

一

在2019年出版的《诉之有道》后记中，我们提出了律师写作案例的主张，即律师为什么要写文章。

在此基础上，2020年这篇后记里，我想结合写作实践谈谈——律师应写怎样的文章。毋庸置疑，这是个非常重要的话题，因为写文章是律师总结办案经验和提升个人影响力的重要方式之一。

结合2020年《诉之有道》的主要内容，我们提倡律师们可以尝试撰写以下三种体裁的专业文章。

一是办案纪实类文章，重在体现律师以读者为中心的共情和沟通能力。办案纪实是一种兼具浓郁"法味"和文学气息的纪实类文章，因此最具有可读性，也是最容易让读者读懂案件的文章体例。我们多次建议作者们要在办案纪实中形象地展现自己的办案思路和推进过程，客观展示自己办案时各种顺与逆的经历，为读者呈现一个个立体、鲜活的案例，使之有血有肉，不枯燥、不乏味。本书中每篇办案纪实的内容皆源于作者们亲历案件所形成的工作笔记和心得，其中一些案例还附有可视化图表，以便读者阅读和理解。

二是解构法点类文章，重在展现律师抽丝剥茧的分析和论证能力。这是我们非常提倡律师们写作的一类文章体例。每个办案环节（或节点）都由一个个法律“知识点”构成，具有敏锐观察力的律师以撰文的方式将办案中所遇到的重要法律概念或者裁判规则归纳总结出来，起码具有以下四大好处：一是有助于夯实律师的法律功底，提高律师的研究能力，二是有利于律师收集可供深入研究的课题，为其撰写专业论文奠定基础，[①] 三是文中的观点可供法律职业共同体的成员们交流、探讨，四是律师通过以案释法，[②] 向社会公众传播法律知识和观点，可以发挥案例最大的效用——让公众了解他们有必要掌握的法律常识。

在此要提醒的是，为使笔力集中，每篇解构法点类文章只能高度提炼和深度剖析一个具有浓郁“法味”的法律知识点，不宜“贪多”，否则会“杂糅”，造成“形散”，乃至“神散”。当一个案例中存在多个值得探讨的知识点时，我们建议这些宝贵的思考过程和探索结果要以多篇文章的形式展现。本书中不少办案纪实及其文末所附的办案心得，即是金道律师写作这类文章的初步尝试，供读者朋友们批评指正，惟愿这些观点对大家有所裨益。

三是办案方法论文章，重在凸显资料整合和经验锤炼的能力。这是我们最提倡的文章体例。如果说律师成功办结的每一个案件是其最务实的宣传素材，那么办理一批类案的经验就是律师最优质的营销资本。律师通过常态化地办理某一类型的案件，会逐渐实现该类案件办理层面上的专业

---

① 面向现实法律问题的法学论文其实就是加强版的法律研究报告，就是一份特定格式的法律备忘录，其实质功能是一致的。一名优秀的律师应当掌握撰写法学学术论文的技能。律师能写好法学论文，也就意味着有能力解决复杂的法律问题。这就是为什么律师虽然不是专业研究人士，但依然需要锻炼学术写作能力的原因。

② 《中共中央关于全面推进依法治国若干重大问题的决定》提出要建立律师以案释法制度。

化。为此，经过一年的思考，在2020年出版的《诉之有道》中，我们开辟了“办案之道”栏目，收录了金道所五位律师分别在刑事辩护、破产、民商事再审、涉外、政府法律服务等领域的执业心得，以飨读者。我们鼓励这些较有办案经验的作者们“搜肠刮肚”“使出浑身解数”地提炼通透、高质的办案心得，用文字的力量彰显金道律师独到的专业性。我们相信，这类文章写得好，律师“走出去”授课的素材就会更丰富，法律服务产品的雏形就得以搭建了。

有资深学者曾说，写作能力是助推事业起飞的火箭燃料。一个人思想成熟的标志之一，就是能写出清晰连贯、逻辑通畅、言之有物的文章。[①]从某种意义上讲，律师无疑是文字工作者，我们要充分意识到这一点，不懈锻炼自己的写作能力，逐步提高自己职业生涯的竞争力。

二

行文至此，想起2019年年底我在一所大学的图书馆看到有位学生在翻看《诉之有道》。我问她觉得这本书如何，值得一读吗？她微笑着回答我——“这是我第一次与办案律师对话。”这是多么高的评价啊！这说明，作者们娓娓道来的文字叙述已深入这位年轻学子的心灵。之后，我但凡去高校法学院交流或举办讲座，都会带上几本《诉之有道》，送给在座的学生们。他们的兴奋和欣喜，于我们，是莫大的鼓励！

同时，我也在思考，在法律实践技艺不断被各大法学院强调的当下，我国的法学教育也面临同美国等法治发达国家一样的境况，“法学院现在

① 刘军强：《写作是门手艺》，广西师范大学出版社2020年版，第8页。

面临着培养更贴近实践的律师的压力。律师事务所希望把当学徒的成本转嫁到法学院”。[1] 据我观察，优秀的法学院已经专门开设诉讼、仲裁、调解、谈判、交易架构设计、客户管理等强调法律技能的课程。但因授课教师执业经验不足、学生的课堂消化能力有限乃至市场上缺乏优质实务书籍等多种原因，法科学生在校园里吸收法律实务技能的营养有限，教学效果可能不尽如人意。由此，我们在组织作者撰写时，力求以办案纪实的方式，用通俗易懂的表述，将作者在办理每一起诉讼案件、非诉项目时的步骤、思路、法律观点、效果和启发等“干货”元素融入每一篇文章。我们所写的，正是我们刚进律所时非常希望有人告诉我们的。

最后，诚挚地希望《诉之有道》能进入更多法科学生的视线，成为广大学子了解律师办案，学习“像律师一样思考”的一本入门书。

愿我们时刻保持清醒与专注：

做好自己的事，

做好一件专业的事，

做好自己的专业之事。

赵青航

2020 年 10 月 23 日

① ［美］卡尔·卢埃林：《荆棘丛：我们的法律与法学》，王绍喜译，中国民主法制出版社 2020 年版，［美］斯图尔特·麦考利导言，第 37 ~ 38 页。

图书在版编目(CIP)数据

诉之有道：金道典型案件和项目承办策略与技艺.
2020 / 崔海燕主编. -- 北京：法律出版社，2020
ISBN 978-7-5197-4994-1

Ⅰ. ①诉… Ⅱ. ①崔… Ⅲ. ①民事诉讼-案例-中国
Ⅳ. ①D920.5

中国版本图书馆CIP数据核字(2020)第184964号

诉之有道：
金道典型案件和项目承办策略与技艺(2020)
SUZHIYOUDAO：
JINDAO DIANXING ANJIAN HE XIANGMU
CHENGBAN CELÜE YU JIYI(2020)

崔海燕 主编

责任编辑 李 群 陈 熙
装帧设计 汪奇峰

出版 法律出版社
总发行 中国法律图书有限公司
经销 新华书店
印刷 中煤(北京)印务有限公司
责任印制 张建伟

编辑统筹 法规出版分社
开本 710毫米×1000毫米 1/16
印张 16
字数 200千
版本 2020年11月第1版
印次 2020年11月第1次印刷

法律出版社/北京市丰台区莲花池西里7号(100073)
网址/www.lawpress.com.cn
投稿邮箱/info@lawpress.com.cn
举报维权邮箱/jbwq@lawpress.com.cn
销售热线/400-660-8393
咨询电话/010-63939796

中国法律图书有限公司/北京市丰台区莲花池西里7号(100073)
全国各地中法图分、子公司销售电话：
统一销售客服/400-660-8393/6393
第一法律书店/010-83938432/8433 西安分公司/029-85330678 重庆分公司/023-67453036
上海分公司/021-62071639/1636 深圳分公司/0755-83072995

书号：ISBN 978-7-5197-4994-1 **定价：**88.00元
(如有缺页或倒装，中国法律图书有限公司负责退换)